LE

VIGNOLE DES OUVRIERS

QUATRIÈME PARTIE

OUVRAGES DE L'AUTEUR

EN VENTE A LA LIBRAIRIE EUGÈNE LACROIX

LE VIGNOLE DES ARCHITECTES ET DES ÉLÈVES EN ARCHITECTURE, *première partie*. Nouvelle traduction des règles des cinq ordres d'architecture de Jacques Barrozzio dit Vignole, augmentée de remarques servant à développer plusieurs parties de détails trop succinctes dans le texte original, et suivie d'une méthode abrégée du tracé des ombres dans l'architecture. Ouvrage composé de 36 pl. in-4°, gravées au trait pour le Vignole, et de 6 pl. ombrées pour le tracé des ombres.   12 fr.

LE VIGNOLE DES ARCHITECTES ET DES ÉLÈVES EN ARCHITECTURE, *seconde partie*, contenant des détails relatifs à l'ornementation des cinq ordres d'architecture ; la manière de relever les caissons carrés, octogones, losanges et hexagones, pour les voûtes en berceaux, pour celles circulaires en forme de dômes, et pour les voûtes d'arêtes ; des détails de divers genres de caissons, des arcs doubleaux, frises, bandeaux, ornements de moulures et plusieurs modèles de plafonds ; suivis de divers ensembles de plans, de coupes et d'élévations pour en montrer l'application. 1 vol. in-4°, composé de 36 pl. gravées au trait et précédées d'un texte explicatif.   10 fr.

LE VIGNOLE DES OUVRIERS, *première partie*, ou méthode facile pour tracer les cinq ordres d'architecture, donner les proportions convenables aux portes, croisées et arcades de différents genres, etc. A la suite des ordres sont gravés plusieurs projets de maisons, plans, coupes et façades, etc. 34 pl. in-4°, précédées d'un texte explicatif.   10 fr.

LE VIGNOLE DES OUVRIERS, *seconde partie*. Cet ouvrage contient un précis du relevé des terrains et de celui des plans de maisons, suivi de tous les détails relatifs à la construction des bâtiments, tels que la taille des pierres, la maçonnerie, la charpente, la menuiserie, la serrurerie, la marbrerie, le carrelage et le treillage. 36 pl. in-4°, avec texte.   12 fr.

LE VIGNOLE DES OUVRIERS, *troisième partie*. Cette partie contient les plans, coupes, élévations de 84 projets de maisons d'habitation particulières et de maisons à loyer ; des détails, sur une plus grande échelle, pour les entablements et simples corniches, et quelques motifs de décorations intérieures. Ces projets sont composés, les uns sur des terrains réguliers, les autres sur des terrains irréguliers ou entre murs mitoyens, etc. 50 pl. in-4°, précédées d'un texte explicatif pour chaque planche.   12 fr.

LE VIGNOLE DES OUVRIERS, *quatrième partie*. Cette partie est spécialement consacrée aux escaliers. Elle traite de leur construction en charpente et en menuiserie ; elle présente les plans, les élévations, les coupes de plus de 30 escaliers différents de formes, tels que les escaliers carrés, oblongs, à bases triangulaires, circulaires simples, de grandes et petites dimensions, circulaires à doubles rampes, en fer à cheval, ovales à rampes opposées, etc., leurs différentes coupes et développements particuliers, leurs épures ou étalons, etc., précédés d'un texte et de détails pour les diverses sortes de constructions des emmarchements. 30 pl. et texte.   10 fr.

ETUDES D'OMBRE ET DE LAVIS appliquées aux ordres d'architecture ou VIGNOLE OMBRÉ, quinze pl. in-fol. avec texte. 18 fr.

CHOIX DE DÉCORATIONS INTÉRIEURES ET EXTÉRIEURES des édifices publics et particuliers de la Capitale. cent pl. ombrées, format grand in-folio, pour paraître en 10 livraisons.   120 fr.

RECUEIL VARIÉ DE PLANS ET FAÇADES ; maisons de ville et de campagne, monuments, établissements publics et particuliers. Ces plans sont au nombre de 155. L'ouvrage comprend 65 pl. accompagnées d'un texte explicatif. Nouvelle édition.   25 fr.

NOUVEAU PARALLÈLE DES ORDRES D'ARCHITECTURE DES GRECS, DES ROMAINS ET DES AUTEURS MODERNES, 63 pl. et 2 frontispices, précédé d'un texte explicatif pour chaque planche, in-fol. Nouvelle édition.   40 fr.

LE GUIDE DE L'ORNEMANISTE, ou l'ornement pour la décoration des Bâtiments, tels que frises, arabesques, panneaux, candélabres, vases, etc. 36 pl. format in-folio, précédées d'un texte.   25 fr.

Imprimerie Polytechnique de EUG. LACROIX, à Saint-Nicolas-de-Port (Meurthe).

LE

VIGNOLE DES OUVRIERS

QUATRIÈME PARTIE

CETTE PARTIE EST SPÉCIALEMENT CONSACRÉE

AUX ESCALIERS

ELLE TRAITE DE LEUR CONSTRUCTION EN CHARPENTE ET EN MENUISERIE

ELLE PRÉSENTE

Les Plans, les Élévations, les Coupes de plus de trente Escaliers différents de formes, tels que les Escaliers carrés, oblongs, à bases triangulaires, circulaires simples de grandes et petites dimensions, circulaires à doubles rampes, en fer à cheval, ovales à rampes opposées, construites sur limons, sur crémaillères ou à l'anglaise, leurs différentes coupes et développements particuliers, leurs épures ou ételons, etc. ;

PRÉCÉDÉS

DE DÉTAILS POUR LES DIVERSES SORTES DE CONSTRUCTION DES EMMARCHEMENTS

30 PLANCHES

PAR

CHARLES NORMAND

ARCHITECTE, ANCIEN PENSIONNAIRE A L'ACADÉMIE DE FRANCE A ROME

QUATRIÈME ÉDITION

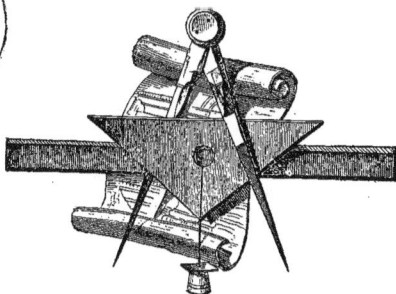

PARIS

LIBRAIRIE SCIENTIFIQUE, INDUSTRIELLE ET AGRICOLE

Eugène LACROIX, Imprimeur-Éditeur

LIBRAIRE DE LA SOCIÉTÉ DES INGÉNIEURS CIVILS

54, RUE DES SAINTS-PÈRES, 54

1870

AVERTISSEMENT

Dans la seconde partie de notre *Vignole des Ouvriers*, les planches et le texte qui traitent de la construction des escaliers, n'offrant que des principes généraux, nous avons pensé qu'en leur donnant plus d'extension, par des détails pour leur exécution, ce nouveau travail pourrait ajouter, par ses développements, à ce que cette partie laissait à désirer, et c'est ce qui nous a déterminé à donner cette quatrième partie, qui leur est spécialement consacrée. Comme la plupart des escaliers, dans les maisons ordinaires ou d'une distribution plus recherchée, leur mode d'exécution est à peu près le même. Pour répondre à la confiance que les gens de l'art donnent aux divers auteurs, nous avons pris pour guide, dans cette nouvelle partie, ceux dont les ouvrages sur la charpenterie sont les plus estimés, et nous les avons liés dans leurs rapports mêmes avec les escaliers indiqués dans les plans des première, deuxième et troisième parties du même *Vignole*. Nous les avons détaillées et expliquées, pour que les élèves qui en commencent l'étude puissent en prendre les premières notions. Ces nouvelles planches se composent de plans, de profils et de coupes, telles que celles des limons courbes se rattachant aux limons droits, le développement des premiers suivant la position des marches et leur jonction aux paliers de repos et d'arrivée. Nous y avons joint quelques dessins d'élévations sur les plans, pour l'exercice des commençants. Nous espérons que, par le peu d'exemples que nous avons déjà donnés précédemment, et par ceux que nous ajoutons, qui présentent des formes d'escaliers variés et les plus en usage aujourd'hui dans tous les bâtiments, nous aurons rempli le but que nous nous sommes proposé.

OBSERVATION

Les six premières planches de cet ouvrage présentent les plans, les profils, les coupes et les détails de diverses sortes d'escaliers, ainsi que les différents moyens employés pour la construction des marches en charpente et en menuiserie. Comme principes, j'ai cru devoir les offrir d'abord avant de donner des figures entières de leurs configurations, si ce n'est dans les planches 4 et 5, pour les escaliers circulaires. Dans la suite, quelques planches y seront consacrées pour l'instruction des élèves, pour leur en faire comprendre l'ensemble et les conduire, par ces divers moyens, et graduellement, à des connaissances plus étendues, pour venir enfin de la théorie à la pratique.

Je n'ai donné qu'une indication de la pose des rampes, planches 1re, 2 et 4, 13 et 15, pour les limons et les crémaillères, ainsi que la figure des barreaux vus de profil et de face, pour leur ajustement sur chacune de ces parties. On sait que les barreaux carrés ou ronds, d'un axe à l'autre, ont ordinairement 16 centimètres d'écartement; ainsi, il en faut deux dans l'intervalle d'un giron à l'autre, quand les girons ont 32 centimètres de largeur. Pour les autres parties, où les marches sont rayonnantes et forment un noyau à jour cylindrique à leur extrémité, ou un quartier tournant, on doit s'arranger de manière à en régulariser la division au moins de deux l'un. Pour les cintres trop rapprochés, un seul barreau suffit sur ou au côté de chaque marche, suivant la position que l'on détermine pour les placer le plus avantageusement. Pour les escaliers sur crémaillères ou à l'anglaise, on pose ordinairement les barreaux en dehors, ce qui, outre que ce moyen dégage l'escalier, donne plus de place et en même temps une sorte d'élégance.

Je n'ai astreint mon travail à aucune combinaison mathématique, la plupart des ouvriers n'étant point versés dans cette science, j'y ai substitué des explications faciles à comprendre, l'intelligence devant suppléer au reste. Je n'ai donc point écrit ceci pour les praticiens, qui font rarement usage des descriptions orthographiques, car, pour ces derniers, les développements qui accompagnent un plan se réduisent à des panneaux de calibres rallongés (1), dont ils font usage pour rapporter sur le volume les détails tracés de l'épure ou l'ételon. Ce qu'on appelle épure, ou ételon (ce dernier terme est celui dont se servent les praticiens), est le développement de la superficie de la chose qu'on se propose d'établir, et sur laquelle on marque les points de coupes et de correspondance, pour parvenir avec justesse et certitude au but qu'on se propose.

Les appareilleurs, pour la coupe des pierres, se servent pour les mêmes rapports de châssis en bois ou de cartons flexibles, avec lesquels ils tracent le volume de pierre, et qu'ils appellent panneau.

PLANCHE 1re.

FIGURES DES DIVERSES SORTES DE CONSTRUCTIONS POUR LES MARCHES D'ESCALIERS.

Figure 1re. Mode d'ancien escalier, dont les marches sont composées d'une pièce de bois *a*, que l'on appelle membrière, et qui forme le giron et la hauteur du pas. Elles ont cependant quelquefois plus ou moins de hauteur *b,* de même que de surface, suivant le bois que l'on emploie. Le surplus du giron est

(1) Voyez planche 2, figure 9, et planche 8.

achevé avec des carreaux c, et la hauteur du pas rempli de plâtre d. Cette sorte de construction ne
sert plus guère aujourd'hui que pour monter aux étages de service, comme pour les greniers ou pour
les maisons rustiques, etc. Les marches sont scellées dans un mur ou dans un pan de bois, et l'autre
bout est assemblé dans un limon ou dans un noyau. Le côté joint au limon se nomme le collet de la
marche, et celui opposé, scellé dans un mur ou pan de bois, se nomme queue de la marche. La surface
horizontale s'appelle giron, et la hauteur contre-marche, ou le pas.

Les limons sont, pour la plupart, décorés de moulures plus ou moins riches, de profils, suivant en
cela l'importance même du bâtiment. Le limon contient quatre faces, la supérieure, celle inférieure, ou
le plafond, celle intérieure, côté des marches, et celle extérieure, toutes deux verticales. La partie du
limon qui s'élève au-dessus de la tête des marches, et courante de la même hauteur en suivant le palier,
s'appelle socle, et celle au-dessous ressocle. L'enroulement tourné en dehors de l'escalier, dont on
décore le bas du limon, est nommé volute d'échiffre. On adoucit le limon jusqu'à la hauteur voulue, où
on lui fait prendre une position horizontale, et c'est au centre de cet enroulement ou volute que l'on pose
le premier barreau de la rampe, qui, par ce moyen, se trouvant placé au delà de la surface extérieure
de la première montée, donne plus d'étendue à l'entrée de l'escalier.

Fig. 2. Cet escalier se compose de marches dont la surface supérieure a est assez grande pour com-
pléter le giron, et assez épaisse pour la hauteur du pas b, et être posées l'une sur l'autre à recouvrement c.
On en forme ordinairement deux prises dans la même pièce de bois, coupée de longueur et équarrie,
que l'on divise par un trait de scie du dessus d'une surface prise à un angle vers celui qui lui est opposé.
Cet escalier se scelle ou dans un mur ou dans un pan de bois. Le dessous peut être chanlatté, ensuite
garni d'un lattis recouvert en plâtre, ou rester dans sa nature, si les marches sont bien ajustées et point
défectueuses.

Fig. 3. On ajuste encore des marches qui ont la même apparence que les précédentes. Elles sont
scellées de même, mais elles sont faites de bouts de planches, dont un morceau forme la surface du giron a.
Une autre planche forme la hauteur du pas b. Ces deux pièces sont réunies par une rainure pratiquée
dessus c et dessous d de chaque giron, qui reçoit les languettes ménagées dans la hauteur du pas (1).
Mais comme, dans une trop grande longueur et largeur, il se pourrait que le poids des personnes qui
montent et qui descendent occasionne une sorte de craquement toujours désagréable, pour y obvier, on
fixe la marche et la contre-marche avec des vis (*fig.* A), ce qui change les bouts de la contre-marche,
en ce qu'elle s'emboîte de toute son épaisseur sous le giron, et s'applique par le bas contre le giron au-
dessous du premier, auquel elle est fixée par une ou plusieurs vis. Les autres marches sont pleines, à
recouvrement et à joints obliques ou perpendiculaires à la pente. Pour les escaliers qui n'ont pas plus de
64 centimètres d'emmarchement, et qui sont formés de planches, il suffit qu'elles aient de 4 à 5 centimètres
d'épaisseur et 3 centimètres pour les contre-marches. Mais celles depuis cette mesure jusqu'à celle de
1 mètre 28 centimètres doivent avoir au moins 6 centimètres d'épaisseur, et les contre-marches de 4 à 5
centimètres. Quand les escaliers ont peu de largeur, on laisse ordinairement au bout du giron, derrière le
pas, un excédant en forme de talon, pour soutenir la rainure sans employer de vis. (Voyez la *fig.* C.)

Fig. 4. On applique de même les marches et les contre-marches aux escaliers qui, au lieu de limons,
sont des crémaillères a. La crémaillère est une sorte de limon taillé en forme de gradins dans toute son

----

(1) Au lieu de placer les languettes ainsi qu'elles sont présentées, on peut les retourner sur la face même du pas, de même que
les rainures, ce qui, si le pas venait à se disjoindre, comme il se pourrait dans la première position, ne paraîtrait pas par la seconde.

étendue : ces gradins servent à soutenir les girons sur lesquels ils sont posés. La profondeur du gradin est subordonnée à la distribution des marches, posées d'équerre ou obliquement : sa hauteur est toujours celle des marches. Pour la pose des girons, il faut, en les façonnant, ménager la moulure de face et celle saillante en retour sur la crémaillère, et, au lieu de suivre la méthode d'ajustement indiquée ci-dessus (*fig.* 3), quand on veut réunir la propreté à la précision du travail, on joint à onglet *b* (voyez le plan *fig.* 5) la contre-marche à la partie de l'entaille de la crémaillère qui la reçoit, et sur laquelle on la fixe avec des vis à tête fraisée *e*. Pour épargner le bois, comme les moulures en retour sur la crémaillère ne peuvent éprouver aucune fatigue, on peut les rapporter et les fixer de la manière que l'on pense être la plus solide. Quelques ouvriers ne font ni rainures ni languettes, mais seulement un joint oblique (voyez *fig.* B), qu'ils nomment joint en sifflet, et fixent les pièces par un boulon dans l'épaisseur du bois. Alors, quand on a fixé la contre-marche à la crémaillère, on consolide de même sur la surface chaque marche par des vis *c*. (Voyez le plan, *fig.* 5.) Ainsi, comme on voit, la crémaillère *d* forme le giron, comme nous l'avons déjà observé, la hauteur de la marche, la coupe, le recouvrement en tas de charge et ainsi que le plafond.

Fig. 6. Pour cette sorte d'escalier, que l'on nomme à l'anglaise, il faut que les marches ne forment, pour ainsi dire, qu'un seul parement, et que la ligne de coupe, sous chaque recouvrement *a* d'une marche à l'autre, soit perpendiculaire au rampant. Plus cette coupe se rapproche du recouvrement, c'est-à-dire comme prise à l'angle de la moulure supérieure *b* qui couronne chaque marche, et moins elle est sujette à bascule. Le plafond doit être une surface plane. Chaque couple de marches est réuni, premier moyen, par deux ou trois clés dans le joint du plafond (voyez planche 14, *fig.* 2, de la seconde partie) de longueur suffisante pour serrer les marches, ou pour plus de solidité encore, par des boulons (voyez pl. 15, *fig.* 2 de la seconde partie). Il faut disposer le cours des boulons par couples *c d*, pour relier alternativement les marches et composer la continuité de la pression en joints (voyez le plan, *figure 7*, *e f*), et pour la disposition expliquée (voyez planche 15 et page 35 de la seconde partie) et les détails que j'ai déjà donnés sur cette sorte d'escalier, et ceux par le plan et la coupe que j'en donne ici, qui indiquent les mêmes moyens de construction. Pour la figure du pied de l'escalier, voyez le plan, *figure* 9.

Fig. 8. Quelquefois, pour le même escalier, on applique seulement à la surface du plafond, près de la tête des marches, une plate-bande courante en fer *a*, ajustée dans une entaille à fleur de bois, qui, au moyen de boulons *b* d'emmarchement et de grandeur inégale *c*, retiennent chaque marche à la plate-bande. Ce profil montre les trois boulons *b*, *c*, *b*, qui traversent chaque marche, ce qui présente une solidité parfaite, et qui, en même temps, offre la facilité de remplacer les boulons qui pourraient se détériorer sans que l'escalier puisse en souffrir. La plate-bande aboutit au patin *d*, dans lequel elle est scellée. Cette construction de la base de l'escalier doit toujours être solidement établie et les deux premières marches en pierre. Même suivant la portée du premier emmarchement, on pourrait élever les trois premières marches en pierre, ce qui rendrait la force de la butée encore plus certaine.

Fig. 9. Plan des marches *d* et de la plate-bande *e* courante au-dessous, et la place des boulons *f*. Fig. 10 *et* 11. Détails d'une rampe d'escalier. (Voyez planches 15 et 27 de la seconde partie.) Ces sortes de rampes s'appliquent ordinairement aux escaliers à l'anglaise, et même sur ceux à crémaillère. Elles se posent en dehors *a* sur le profil des marches *b*, un piton à vis *c* se fixe sur la marche, le barreau *d* s'y ajuste ensuite et est terminé par un chapiteau *e*, pour recevoir la main courante *f g*. Cette rampe est susceptible d'être enrichie d'ornements, suivant l'importance du bâtiment dans lequel l'escalier est construit *h*. Autre manière de rampe dont la base, recourbée en cou de cygne, se fixe de même en dehors sur la crémaillère.

PLANCHN 2.

MARCHE PALIÈRE ET LES LIMONS QUI S'Y RATTACHENT.

Fig. 1re. Plan de la marche palière A, dont le sabot B est rapporté et maintenu à la marche même par deux boulons *c d*. *Fig.* 2. Elévation de la marche et des courbes inverses du sabot, pour recevoir les limons. Les *fig.* 3, 4 et 5 sont les coupes perpendiculaires qui indiquent le reste des détails de la construction. La *fig.* 3, celle de la coupe de la marche palière prise sur la ligne C D, et d'une partie du limon à son arrivée sur le palier. La *fig.* 4, coupe sur la ligne E F de la même marche et de la partie du limon montant à l'étage au-dessus, et la *fig.* 5, sur la ligne G H, celle de la marche palière, du limon et de sa courbure opposée à celle *figure* 4. Dans notre seconde partie, planche 14, *figure* 2, lettre *p*, nous avons figuré cette marche palière. Pour obtenir la courbure du sabot adhérent à cette marche, il faut en prendre la dimension en hauteur et en largeur *e, f, g, h* sur le plan, et en *i, k, l, m* sur l'élévation, pour trouver la pièce de bois nécessaire pour sa confection, ensuite la tailler de hauteur et d'épaisseur sur la forme demandée, puis, par la marche palière sur laquelle on l'ajuste, on trace la hauteur du pas et le giron, ou la première marche, l'une descendant, *figure* 3, et l'autre montant, *figure* 4, en accord avec la partie saillante du limon au-dessus des marches, et vous obtenez les coupes *n, o*, de la jonction des deux limons avec le sabot et la marche palière. Cette étude, simple et à la portée des élèves, les conduira à l'intelligence de celles qui vont suivre.

Fig. 6. Plan et élévation du pied de l'escalier de la figure précédente, la volute d'échiffre *a*, la marche en pierre *b* liée au parpaing d'échiffre *c*, sur lequel pose le patin *d* qui reçoit le premier limon *e*.

COURBE RAMPANTE D'UN LIMON SUR UN PLAN DEMI-CIRCULAIRE RECEVANT DES COLLETS DE MARCHES DIVISÉS ÉGALEMENT A SON POURTOUR.

Fig. 7. L'espace étant déterminé entre vos deux limons, et voulant les réunir en élevant les rampes par une demi-partie circulaire, voici comment il faut s'y prendre pour en faire le dessin et l'épure de la pièce de bois. Sur la ligne de l'axe où les deux limons doivent être fixés et réunis à la partie circulaire, du point A, vos demi-cercles tracés, l'un celui qui reçoit les marches B C, l'autre pour le dehors du limon D E, vous commencez par élever indéfiniment une perpendiculaire du centre A, sur la ligne de base, ou horizontale, de B, C, D, E. Ensuite, sur la courbe de B à C, vous divisez le nombre des marches que doit contenir son pourtour, et vous en tirez les rayons par le centre. (Ces marches sont ici au nombre de huit.) Vous en prolongez les lignes jusqu'au dehors du limon *a, b, c, d, e, f, g ;* puis, de chaque point d'intersection, vous élevez de même indéfiniment des parallèles à la perpendiculaire A. *Fig.* 8. Pour votre élévation, vous commencez par diviser en hauteur le nombre de vos marches, que vous profilez, suivant le relevé de votre plan, par les lignes 1, 2, 3, 4, 5, 6, 7 et 8, déjà élevées. Ensuite vous portez, du pied du pas de la première *ò*, la hauteur du limon ou socle *h*, sous lequel elle vient aboutir, et vous en faites de même au-dessus de la marche 8, en *i*, puis, du point 8, passant successivement sur l'extrémité de chaque marche, en conservant la même hauteur, vous en formez une courbe jusqu'au point *ò*. Ensuite, prenant la hauteur de *ò* à *h*, ou de 8 à *i*, vous portez cette même hauteur au-dessus de chaque marche, et, passant par ces points du point *i* jusqu'au point *h*, vous dessinez la courbe apparente du dessus de votre limon, depuis *h* jusqu'en *k*, l'autre portion se trouvant masquée par son épaisseur. Ensuite, des points 9, 10, 11, 12, 14, et 17, vous tirez des bouts de lignes qui, se rencontrant sur les perpendiculaires élevées de la base, *a, b, c, d, e, f* et *g*, du point *l* au point *m*, vous donnent l'épaisseur et la ligne intérieure de votre demi-cintre.

Maintenant, pour avoir la hauteur courante de votre limon, vous la prenez de *h* en *n* ou de *i* en *o*, et vous reportez cette mesure perpendiculairement sur les mêmes lignes qui vous ont donné le galbe du haut pour avoir de même exactement celui du bas. *Fig.* 9. Maintenant, pour obtenir l'épure de votre cintre, de la hauteur de votre galbe, depuis le point 13 jusqu'au point 15, passant par *l*, à l'extrémité la plus saillante du même galbe, point de contact avec le point *l*, vous tirez une ligne qui, vers le haut, s'arrête au 15 sur la perpendiculaire *i* du limon, et par le bas sur la perpendiculaire opposée *h* au point 16. Sur cette ligne au profil *p*, vous élevez une perpendiculaire, et ensuite toutes celles de la base qui viennent aboutir parallèlement à celle de l'axe *p*. Puis vous prenez la hauteur du point A en *d*, sur le plan, que vous reportez de *p* en *q*, et ainsi des points dans le même ordre, dont le côté des marches, comme celui de l'épaisseur du limon, doivent correspondre au point *p*, et, par ces points, vous tracez le galbe de votre épure. Nous y avons reporté les mêmes lettres pointées et les mêmes chiffres.

Ce seul exemple suffit pour indiquer la manière de relever toutes les courbes ou parties de courbes qui se trouveraient dans les mêmes rapports.

Pour trouver la masse de bois nécessaire (1), pour établir le limon demi-circulaire, il faut prendre la mesure de sa base sur le plan de B en C, et la moitié de cette base F C, pour le carré de sa profondeur et sur l'élévation de G en H, pour en avoir la hauteur, et quand vous l'aurez mise en rapport de mesure avec votre escalier tel qui doit être exécuté. C'est dans cette masse de bois où, à chacune des extrémités de laquelle vous aurez tracé votre limon, que vous commencez à la dégrossir en dehors, ce qui est facile au moyen de traits de scie conduits jusqu'à la courbe du limon, et, en dedans, de même avec divers autres traits de scie, pour parvenir à l'évider plus facilement et sans altérer le bois. Ensuite, après avoir, à son pourtour, établi le giron de vos marches, d'après les divisions de votre plan et suivant l'indication donnée pour en relever le trait, vous tracerez, par une autre épure, la pente de vos deux limons droits en raison de la hauteur du pas et de la largeur des girons. Tout étant ainsi disposé, il vous sera facile de marquer le trait des coupes, l'un vers le haut et l'autre par le bas, qui doivent réunir les trois pièces ensemble. Les escaliers suivants feront voir d'autres portions de courbes dont le développement s'obtient par la même méthode ; ainsi, soit par 1/4, par 2/3 ou 6e, si ces courbes joignent en s'élevant des portions droites, c'est toujours sur la hauteur du pas et la largeur des girons qu'il faut se guider. Cette étude mène à toutes les autres, comme je l'ai déjà dit plus haut.

Fig. 10. Plan et élévation de la base du même escalier ; la volute d'échiffre *a*, les deux marches en pierres *b*, liées au parpaing d'échiffre *c*, sur lequel pose le patin *d* qui reçoit le premier limon *e*. *Fig.* 11 et 12. Moulures pour l'ornement des limons.

PLANCHE 3.

Cet escalier (*fig.* du bas de la planche) est une extension plus détaillée que ne l'est celui de la planche 14, *fig.* 2, de la seconde partie.

(1) Je dis masse de bois et la manière de l'évider, comme principes pour les commençants qui s'essaieraient sur un modèle ; car pour le praticien, il lui suffit du tracé du plan, de la hauteur des marches, du développement de la rampe et de l'épaisseur du limon tels que nous les donnons, pour trouver de suite la pièce de bois qui lui est nécessaire dans les quatre lignes, *r, s, t, u*, qui la renferment.

Fig. 1ʳᵉ. Plan de l'escalier et de ses deux rampes A B, dont la continuité (ici la troisième interrompue en C et repris en D) conduit au grand palier E, pour l'entrée des appartements. Le même escalier reprend en F pour monter à l'étage supérieur, etc. La *fig.* 2 montre l'escalier vu de face jusqu'au premier palier. La *fig.* 3, sa coupe, celle des marches en pierre *a*, *b*, et le parpaing continu, de même en pierre *c*. La partie du limon *d*, celle du patin d'échiffre *e*. *Fig.* 4. Elévation de la seconde rampe. *Fig.* 5. Troisième limon. *Fig.* 6. Premier limon de la quatrième révolution. *f* pièce de bois portant marche palière et recevant le limon montant *g* et celui *h* de la quatrième révolution. Au bout du patin d'échiffre, en retour d'équerre, on établit une pièce de bois qu'on appelle jambette *i*, qui soutient le second limon, et est terminée, par le haut, en forme de crosse. Derrière ce patin d'échiffre est la descente de cave. (Voyez le plan *fig.* 7.) *Fig.* 8. Montre les deux tenons *k*, *l*, qu'il faut conserver pour maintenir l'affleurement vertical des surfaces. *m* boulon d'assemblage, sa rosette et son écrou dans l'entaille *n*. 9. la même pièce de bois vue de face sur sa coupe. 10 et 11 sont les mêmes détails du limon, où l'on voit les mortaises *o*, *p*, pour recevoir les tenons *q*, *r*, *s*, *t*, largeur et profondeur de la pièce de bois. *u*, *v*, *x*, *y*, hauteur de la même pièce de bois, dans laquelle doit être taillé le limon.

Soit qu'on adopte cette sorte de tenon, ou qu'on le prenne d'une seule face et perpendiculaire à son extrémité au rampant du limon, on observera que ce tenon doit toujours faire partie du limon ou droit ou courbe, montant tel qu'il est indiqué par cette figure, ainsi que par celle des escaliers précédents et ceux qui vont suivre.

AUTRE ESCALIER DONT ON TROUVERA L'EMPLOI POUR QUELQUES BATIMENTS DE LA TROISIÈME PARTIE DU MÊME VIGNOLE.

Comme la rampe d'un escalier qui conduit directement à un palier quelconque est la même pour tous, que sa base fondée en pierre et ses marches arrondies en volutes, qu'on appelle marches compagnes, son mur ou son parpaing, sa volute d'échiffre sont à peu près les mêmes pour tous les escaliers portant limons, nous avons cru inutile de refaire pour celui-ci ce que nous avons exprimé pour cette partie de l'escalier pour celui au-dessous. Nous ne nous sommes seulement appliqués, pour ce dernier, qu'à présenter les coupes du limon et le rapport entre elles des différentes pièces qui le composent. Les limons droits *fig.* 1ʳᵉ, qui forment son noyau à jour, se raccordent à demi-étage par un noyau, *fig.* 2, creusé et arrondi en demi-cercle, que l'on nomme ici tête d'échiffre, parce qu'il fait partie du patin d'échiffre ; comme ce noyau ne contient pas un demi-cercle entier, la partie du limon, *fig.* 3, qui s'y rassemble est en forme de crosse. Le limon se raccorde à son autre extrémité avec un sabot, *fig.* 4, formé de deux quarts de cercle réunis à une partie droite, se joignant avec la marche palière. La *fig.* 5 présente la partie du limon inférieur au point où commence la deuxième révolution et qui a aussi la forme d'une crosse. La *fig.* 6 montre le joint en commissure de ce dernier au sabot. Cette coupe est mixte, la moitié est dirigée parallèlement et l'autre moitié dirigée au centre du quart de cercle par son plan. On doit d'abord tracer la coupe du limon droit, *fig.* 7, tracer de même le limon crosse, *fig.* 5, et leurs projections dans le plan *fig.* 8, avant de marquer l'élévation du noyau. Pour tracer la *fig.* 2, sur la ligne A B, passant aux angles *a*, *b*, vous élevez une perpendiculaire indéfinie C D, et vous tirez ensuite E F parallèle à A B, qui est la base de votre patin d'échiffre *c*, ensuite vous élevez les marches comprises dans la hauteur de la base jusqu'à celle à la lettre *d*, bien que la quatrième, en descendant de ce point soit hors du plan du noyau, mais parce qu'elle guidera pour le tracé des hélices, qui représentent les arêtes de la surface supérieure du noyau.

Ainsi, pour avoir la coupe de la surface supérieure de votre limon, vous prenez au point *h*, *fig.* 7, sur le limon, la hauteur de g (qui présente celle de la marche), sa distance au point h, que vous reportez en h' sur l'élévation, et ainsi des autres points jusqu'en c c', pour former le trait de votre coupe d'assemblage, et toujours en rapport avec la coupe i sur le plan $fig.$ 1re. (On observera ici que la hauteur du noyau est interrompue, n'ayant pu exprimer, faute de place, toute sa hauteur.) Ensuite, la coupe opposée par la marche au point d, vous mettrez de même la hauteur du limon k, avec le plan et le limon crosse k', $fig.$ 3, puis vous tracez la courbe de votre rampe en observant la distance voulue du sommet des marches à celui du limon. L'explication donnée pour cette figure suffira pour tracer la $fig.$ 4, qui lui est opposée, en suivant la même méthode que pour la première.

PLANCHE 4.

ESCALIERS CIRCULAIRES A NOYAU A JOUR.

Ces sortes d'escaliers sont les plus difficiles à mettre en œuvre ; mais comme, par leur isolement au centre d'une pièce, ils produisent toujours un effet agréable, j'ai cru intéressant pour les ouvriers d'en donner ici une idée aussi complète que possible. Les deux escaliers peuvent se construire de trois façons différentes, comme je vais l'indiquer à la suite. Leur diamètre extérieur est de 2 mètres 56 centimètres l'emmarchement de 88 centimètres et de 91 centimètres d'évidement ou de diamètre du noyau à jour. Pour être placé dans une boutique ou dans un magasin, le diamètre de 2 mètres 56 centimètres paraîtra peut-être un peu considérable ; mais qui peut plus peut moins : c'est ce que l'on verra dans la planche suivante. Nous supposons ces deux escaliers pouvoir être construits dans une maison de ville ou de campagne, mais non pas assez importante pour exiger une plus grande dimension pour leur confection. Ces deux escaliers portent, sous plancher, 3 mètres 68 centimètres ; ils ont, dans leur hauteur totale, vingt-cinq marches de développement. On peut les réduire autant qu'on le jugerait convenable pour toute localité, sans rien déranger au système de leur construction tel que nous le présentons. $Fig.$ 1re. Plan du premier escalier ; la division des marches est prise sur la face du pas, la saillie des moulures est indiquée, ponctuée a. La plate-bande b, figurée sous les marches, qui les relie et les consolide au moyen de boulons. c position des barreaux en dehors des marches. $Fig.$ 2. Élévation et développement de l'escalier ; sous la partie visible de son plafond on distingue la plate-bande en fer. $Fig.$ 3. La coupe de l'escalier prise au pied de la première marche et celles qui suivent, la plate-bande d et les boulons e traversant une et deux marches alternativement qui viennent s'y rattacher. Les marches doivent être pleines et à raccordement, et l'un des grands boulons passant entre le devant de la marche et la coupe perpendiculaire à la pente pour assujettir les deux marches ensemble. Cet emploi des boulons doubles serait seulement pour le grand diamètre de l'escalier ; celui intérieur n'en pourrait contenir qu'un seul pour chaque marche. (Voyez le détail d'une marche, $fig.$ 4). Ce système d'emmarchement, bien exécuté, présente la plus parfaite solidité. (Voyez, pour un plus grand développement des marches, la planche 1re de cette addition, $fig.$ 8 et 9.) $Fig.$ 5. Détails d'une partie d'un escalier de même circulaire, mais sur une plus grande échelle. Les marches sont de même pleines et traversées dans leurs joints perpendiculaires à la pente par des boulons f, g, à écrous qui les relient alternativement ensemble et se croisant h, i, dans le même système pour chaque marche suivante. (Voyez la coupe des marches, $fig.$ 6, et sa correspondance avec le plan.) Pour les détails plus en grand, voyez la planche 1re, $fig.$ 6 et 7, et planche 15 de la seconde partie du même $Vignole$, où les mêmes marches, présentées sous plusieurs aspects, pourront donner l'intelligence de la méthode qu'il faut suivre pour leur exécution.

Fig. 7. Cet escalier a le même nombre de marches en hauteur et un peu moins de largeur de girons. Les marches *a* sont fixées sur une crémaillère *b*, et formées de planches vissées sur la même crémaillère, et le pas s'y joint à rainures et languettes, et y est retenu à ses deux bouts par d'autres vis. *Fig.* 8. Montre son élévation jusqu'au-dessus du plancher. *Fig.* 9. Plan de marches et la jonction du pas *c* par une entaille biaise sur la crémaillère *d*. *Fig.* 10. La coupe prise au pied de l'escalier *e*. *Fig.* 11. Plan en plus grand de l'assemblage des différentes pièces *f* avec la crémaillère *g*, et leur recouvrement par le giron *h*. *Fig.* 12. Coupes des mêmes marches. Comme on ne peut toujours obtenir la courbe du limon ou de la crémaillère avec un bois pris exactement dans son fil, il serait bon de le consolider, sous son développement, avec une plate-bande en fer *i* contenue par de fortes vis sous l'aplomb du pas de chaque marche. La crémaillère, à l'extérieur, peut être formée de quatre pièces de bois, et celle de l'intérieur, du même nombre, les coupes devant être en rapport de hauteur. Pour l'assemblage et les divers détails des pièces exprimées en plus grand, voy. pl. 1re, *fig.* 4, et pour la coupe de l'assemblage des crémaillères, les deux planches suivantes, qui sont dans le même système pour leur exécution.

Nous avons supposé ce dernier comme un escalier fait après coup et élevé dans un angle, et gêné à sa naissance par un pilier nécessaire pour la solidité du bâtiment dans la hauteur du rez-de-chaussée, ce qui lui a fait prendre une forme de tête de colimaçon par sa base. Comme cette forme ne paraîtrait pas favorable par sa butée, on pourrait, jusqu'à la hauteur de la huitième marche, le maintenir sur deux patins qui seraient consolidés par une plate-bande en fer scellée dans le mur.

Cet escalier, d'ailleurs, dont on peut redresser la base à l'imitation de l'autre, puisque sa forme ici n'est que supposée, ne peut présenter aucune difficulté dans son exécution, et comme il serait construit de bouts de planches appuyées sur crémaillère, il peut être l'œuvre du menuisier, et l'autre celle du charpentier.

PLANCHE 5.

Cet escalier, pour certaines localités, comme escalier de dégagement, pour monter aux entre-sols, ou même comme escalier dérobé pour conduire d'un étage à un autre, peut souvent trouver son emploi. Il peut arriver cependant que rarement on l'exécute dans la même forme. Mais que ses angles soient plus ou moins ouverts, que les parties courbes qui se rattachent aux parties droites en diffèrent en quelques points, le principe serait toujours le même pour en obtenir le développement. Celui dont nous nous occupons est du ressort du menuisier. Il est pratiqué dans l'angle d'un mur. Le côté sur la pièce est formé par une crémaillère. La *Fig.* 1re en présente le plan. La marche du pied *a*, et la division des autres en suivant, passant par la partie cintrée pour gagner le second angle montant, et de suite en suivant la même forme, si la hauteur de l'étage demandait sa continuité. Dans la largeur d'un giron *b* à l'autre, nous avons indiqué l'épaisseur *c* de la contre-marche, et son assemblage en sifflet *d* sur la crémaillère. *Fig.* 2. Présente la partie de cette montée et la jonction *e* de la même crémaillère à la portion circulaire indiquée sur le plan *f*. *Fig.* 3. Élévation de la partie cintrée sur la ligne AB. Vous élevez perpendiculairement, sur cette ligne, tous les angles apparents de la crémaillère ; ensuite sur la ligne CD, placée à volonté parallèle à AB, vous divisez en hauteur autant de gradins que votre plan vous en présente, et comme la coupe de la crémaillère se trouve sous la sixième marche, vous la joignez à la division en hauteur, la courbure de la crémaillère commençant de ses arètes supérieures et inférieures. Vous profilez ensuite vos gradins, sous chacun desquels vous portez l'épaisseur de la crémaillère ; puis relevant sur le plan des deux coupes, l'une du bas *g*, et celle du haut *h*, par les points d'épaisseurs indiqués, vous faites passer celle du dessous de votre crémaillère. L'autre partie en retour, *fig.* 4, fait voir le plan des girons, le profil de la crémaillère, et la moulure qui couronne les marches. *Fig.* 5. Elévation de l'escalier, prise en face de la montée, sa partie courbe et le retour qui s'y rattache, *i, k, l, m,* grosseur de la pièce de bois en plan pour former la crémaillère. Sa hauteur est donnée par le développement relevé au-dessus de *g* en *h*.

Ce n'est point au hasard que je donne le plan et les détails de cet escalier, on en trouvera la place et l'emploi dans les plans, pl. 15, 16, 20 et 24 de la troisième partie du même *Vignole.* Comme il serait possible qu'on adoptât cette forme de plan pour un escalier isolé, la marche pour son exécution serait toujours la même. Seulement on serait obligé de faire la courbe de la crémaillère de deux pièces sur le grand côté, dont on obtiendrait le développement par la même méthode que pour le petit côté.

ESCALIER CIRCULAIRE A NOYAU (1).

Cet escalier, composé pour les petits emplacements, est facile à exécuter. Il est l'œuvre du menuisier. Les marches, formées de planches, sont posées d'un bout sur une crémaillère où elles sont vissées, et de l'autre assemblées dans le noyau qui monte de fond. *Fig.* 1re. Plan de l'escalier. La base en est évasée, pour en faciliter l'abord. Les six premières marches, jusqu'à son axe, montent droit ; toutes celles qui suivent tendent au centre. Les rayons *a* présentent le pas du devant de la moulure qui les couronne, celle ponctuée *b*, le pas de la marche. L'emmarchement porte 64 centimètres de largeur, et 16 à 17 centimètres pour le diamètre du noyau. *Fig.* 2. Montre l'épaisseur des marches *c*, ajustées en sifflet *d* sur la crémaillère, et de la même manière sur le noyau. Comme la montée prend en dehors du diamètre de l'escalier, on échappe sous la seizième et la dix-septième marche au-dessus de la cinquième, en montant. Mais en général, il faut que le diamètre reste vide dans toute la hauteur, ou à son arrivée à celle qu'on s'est proposée. La même rampe qui suit l'escalier, portée ordinairement en dehors des marches, est conduite jusqu'au-dessus du plancher. *Fig.* 3. Coupe et profil de la crémaillère prise sur la ligne AB. *Fig.* 4. Autre coupe prise sur la ligne CD, qui se rattache à la première. Toutes les autres coupes, prises de même par quart, donnent le même profil ; *e, f, g, h,* grosseur et plan de la pièce de bois nécessaire pour former la crémaillère : le développement au-dessus indique sa hauteur. *Fig.* 5. Montre la coupe des marches développées sur le diamètre extérieur, où l'on voit les vis *i* qui doivent les fixer sur la crémaillère. *Fig.* 6. Elévation de l'escalier, tournant sur l'axe de son noyau. Pour la plus grande solidité de cet escalier, il faudrait, comme pour les premiers, que la crémaillère fût garnie par dessous d'une plate-bande en fer, et, pour le terminer, chanlatter sur chaque saillie de marches *k*, pour ensuite y fixer des planches en travers *l* qui formeraient le plafond.

La place, pour l'emploi de cet escalier, est indiquée dans la plupart des boutiques que nous avons disposées dans les plans des maisons de la troisième partie du *Vignole des ouvriers.*

Fig. 7. Pour les rampes droites, on compose encore des crémaillères dont la hauteur des marches forme autant de coupes à joints obliques *b*, liées entre elles, à tenons et mortaises *a*, et sur le haut et sur les

---

(1) On peut de même construire cet escalier avec un noyau à jour, en prenant pour le vide le diamètre du noyau même en reportant l'épaisseur sous les marches pour les y appuyer, comme aux autres crémaillères, et faire cette crémaillère d'une seule pièce de bois. Je suppose 16 centimètres de vide et 8 centimètres de chaque côté du plein. Cette pièce, 32 centimètres, façonnée, vous y tracez le pas de vos marches au pourtour, et vous évidez ensuite en suivant, de l'un à l'autre, les points du tracé.

aces, comme aux crémaillères simples, on fixe les marches et les contre-marches avec des vis. Cet ajustement est sans doute bon, mais demande une grande précision dans son exécution, dont l'ensemble réuni, malgré tous les soins qu'on puisse y apporter, ne pourrait se soutenir sans la plate-bande et la multiplicité des vis.

Fig. 8. Autre système à joints perpendiculaires *a* et réuni de même par des tenons *b* et chevillés, où, au lieu de poser la plate-bande en fer sous la crémaillère, on la met sur le côté intérieur *c* ; les marches et les contre-marches, du reste, s'ajustent comme nous l'avons indiqué pour la précédente figure. Pour obtenir le même résultat de solidité dans les parties circulaires, il suffirait de donner plus d'épaisseur au bois formant chaque pièce détachée de la crémaillère *d*. Comme le bois ne peut pas toujours être pris exactement dans son fil, et que les tenons ne présenteraient peut-être pas assez de solidité, nous conseillerons de les adapter après coup, en choisissant un bois plus ferme, de les coller et de les cheviller de même que du côté des mortaises.

PLANCHE 6.

ESCALIER CONSTRUIT DANS UNE PIÈCE CIRCULAIRE.

Fig. 1re. Le plan de cet escalier, de forme circulaire, se rapporte pour les détails à ceux des planches 10 et 15 de la troisième partie du *Vignole*, où ils ne sont qu'indiqués. Cet escalier présente un noyau à jour cylindrique formé par une crémaillère, sur laquelle le collet des marches se profile, comme aux escaliers dits à l'anglaise, et la queue en est scellée dans le mur circulaire (1). La première révolution est de vingt-huit marches jusqu'au premier palier. Dans cette hauteur, la crémaillère est divisée en deux coupes. Les deux élévations sont transportées : la première, prise sur la ligne AB, montre *fig.* 2, le pied de la crémaillère jusqu'à la hauteur de la douzième marche, sur la coupe de laquelle s'élève la treizième, que l'on reprend sur la ligne CD, *fig.* 3, jusqu'à la vingt-sixième, la vingt-septième et la vingt-huitième formant la hauteur de la marche palière, qui vient s'y ajuster. *Fig.* 4. Vue du palier sur la ligne EF, et sur celle GH, *fig.* 5, la jonction de la crémaillère au palier, où l'on voit le joint de la coupe traversé par un boulon. *Fig.* 6. Détails en grand du plan de la crémaillère et des marches qui la recouvrent. *Fig.* 7. Le profil de la crémaillère de la jonction de ces deux coupes traversées par un boulon et des marches qui la recouvrent, où elles sont fixées par des vis. *Fig.* 8. Les mêmes marches vues en coupe ; le dessous plafonné est en retraite sur la crémaillère. *Fig.* 9. Elévation prise au pied de l'escalier sur la ligne perpendiculaire IK. *Fig.* 10. Plan en grand de la crémaillère, celle de l'épaisseur des planches formant le pas et leur ajustement en sifflet sur la crémaillère, où elles sont fixées par des vis. Voyez la figure 6 pour les girons qui les recouvrent. Cet escalier, d'un bel effet sans être d'une grande dimension, pourrait être consolidé par une plate-bande en fer, comme nous l'avons dit précédemment, sous la crémaillère, avec le soin de l'entailler à fleur de bois. Cet escalier peut être construit par un menuisier, n'étant, comme nous l'avons remarqué pour l'un des deux de la planche 5, composé que de planches ajustées de la même manière. Aidé des détails que l'on trouvera sur la planche 1re, pour la construction de cette sorte d'escalier, et ceux dans lesquels nous sommes entré pour ceux qui précèdent celui-ci, nous nous bornerons, pour cette dernière, à l'explication que nous avons crue seule nécessaire pour le faire concevoir dans toutes ses parties.

(1) On peut encore, au lieu de sceller les marches dans le mur, y adapter une fausse crémaillère d'une épaisseur suffisante pour les appuyer et les y retenir avec de fortes vis.

PLANCHE 7.

PLAN, ÉLÉVATION ET DÉTAILS D'UN ESCALIER POUR UNE PETITE MAISON.

Fig. 1ʳᵉ. Plan de l'escalier (1). Cet escalier, simple et facile à construire, a 24 marches pour arriver au premier étage. A la 14ᵉ est un palier de repos. La cage a 4 mètres 96 centimètres sur 4 mètres 16 centimètres. Les angles en sont arrondis. Cette forme est souvent commandée pour y loger des tuyaux. Si on la supprimait du côté opposé, on pourrait ouvrir les portes parallèles au palier, ou, dans l'autre cas, on les ouvrirait dans les angles arrondis, et une autre porte pourrait être ouverte dans le milieu du palier. Sous l'escalier à plomb de la marche 15 serait la descente des caves. Le plan montre les différentes coupes d'assemblage du limon. Ce limon est radouci à ses angles pour épouser la forme de la pièce. *Fig.* 2. Profil du limon et sa jonction avec la partie courbe, ce qui détermine sa hauteur courante. *Fig.* 3. Développement de la courbe et de son épure pris sur la ligne AB. *Fig.* 4. Autre partie du limon sur la ligne CD, indiquant le palier jusqu'à sa jonction avec le limon montant. Le tracé sur le plan et les profils relevés des marches qui commandent les lignes courbes ou droites des limons, s'obtiennent de la même manière qu'ils ont déjà été indiqués pour d'autres escaliers où les courbes sont plus ou moins grandes. Voici comment sont divisées les marches pour le quartier tournant. Depuis le chiffre 5, jusqu'au 12, ces deux marches sont d'équerre au limon. Premièrement, elles sont toutes également divisées sur le giron moyen. Celles chiffres 7 et 10 tendent au centre *a*. Les deux intermédiaires sont égales entre ces deux chiffres et celles 6 et 11, sur la moitié *b* de l'espace du centre *a* au limon. *Fig.* 5. Élévation de l'escalier relevé sur le plan, ainsi que les différentes coupes *c*, *d*, *e*, où se rattachent les diverses formes de limons *f*, mur d'échiffre ; *g*, patin d'échiffre et jambette, derrière lesquels se trouvent la descente de cave ; *h*, coupe du plancher formant le palier.

Nota. Pour le tracé des limons, on peut, je pense, employer ce moyen. Une fois votre sabot, ou tout autre courbe façonnée sur votre plan, et taillée de hauteur suivant celles données par vos marches jusqu'aux extrémités de vos deux coupes (2), c'est alors que, posant l'épure, que vous aurez fait d'une planche flexible, sur le contour rampant de votre courbe, placée horizontalement suivant vos girons, que vous descendez de chaque point des divisions de vos marches des perpendiculaires sur la face intérieure de votre limon, et ensuite au moyen d'un trusquin que vous faites agir pour déterminer la hauteur de votre socle, vous obtenez la tête de vos marches sur les perpendiculaires abaissées formant la face de vos pas.

Remarque. J'ai vu beaucoup d'escaliers, et bien peu de réguliers, surtout dans les quartiers tournants où l'on s'est attaché à conserver au-dessus de la tête des marches de la même hauteur de socle ; car c'est ici la partie la plus difficile. Pour éviter les jarrets, on est souvent obligé de transiger avec les règles, suivant le nombre des marches ; mais la différence n'est jamais assez sensible pour s'y arrêter (3). La

(1) *Observation.* Il faut d'abord, outre l'emplacement, avoir du pied de l'escalier la hauteur du plancher où l'on veut arriver, pour prendre une détermination sur la distribution des marches, la hauteur du pas et la largeur du giron ; examiner si les limons pourront être droits, où si l'on sera obligé à faire des quartiers tournants et des paliers de repos.

(2) Ces coupes se font aussi en crochet, c'est-à-dire que le joint coupé par moitié, sa retraite inférieure, au lieu d'être comme nous l'indiquons, parallèle au giron, l'est à la pente du limon.

(3) Il arrive quelquefois que le constructeur établit son limon sur les hauteurs données, et après avoir tracé régulièrement le cours de ses marches sur les parties de limons droits, pour les quartiers tournants, ne prend qu'une mesure moyenne, soit de la moitié ou des deux tiers du cours des marches de son quartier tournant, et façonne ensuite son limon. Ce limon en place, c'est alors qu'il trace les marches intermédiaires qui ne se rapportent pas toujours d'égale hauteur sous le socle. Mais l'essentiel pour lui, c'est que le limon ne jarrette pas.

3

règle que je propose pour celui que présente cette planche, après plusieurs essais, m'a paru remplir le but et être à la portée des constructeurs : l'axe du quartier tournant passant au milieu des marches 5 et 6 sur la ligne du giron moyen, et les autres divisions comme je les indique. Ainsi, du milieu de 5 à 6 sur la ligne d'axe du quart de cercle jusqu'à la perpendiculaire élevée du même axe, toujours moyen giron, vous divisez cet espace en douze parties, dont celles depuis 5 jusqu'à 12, prises de deux en deux, sont les divisions de vos marches, que vous conduisez de ces points vers la courbe du limon, comme je l'ai indiqué plus haut.

PLANCHE 8.

ESCALIER CIRCULAIRE AVEC UN NOYAU A JOUR CYLINDRIQUE.

Pièce circulaire de 3 mètres 41 centimètres de diamètre, renfermant, *fig*. 1re, le plan d'un escalier à noyau à jour cylindrique. L'emmarchement est de 1 mètre 4 centimètres. On monte 28 marches pour arriver à un palier où le limon se termine par un quart de cercle. Ce même limon est divisé en trois coupes dans sa circonférence. La première, *fig*. 2, sur la ligne AB, montre le pied de l'escalier, les marches relevées d'après le plan, leur profil sur le noyau, celui de leurs rayons arrêtés sur le mur, et leur indication sous le plafond jusqu'à la 10e marche, sur la tête de laquelle est prise la coupe du premier limon, y compris la hauteur du socle portée au-dessus *a* du même limon. Sur la même ligne que la marche 9e, la jonction de la deuxième coupe se prend sur la ligne *c d*, *fig*. 3, parallèle à CD, sur laquelle vous élevez perpendiculairement les points de vos coupes, ainsi que les marches, jusqu'au chiffre 18. En suivant, vous continuez la même opération sur la ligne *e f*, *fig*. 4, parallèle à EF. Du point 17 jusqu'au point 25, en reportant toujours au-dessus de la marche la hauteur du socle, ainsi qu'au-dessus des autres marches pour avoir exactement le galbe de votre limon. Vous suivez la même opération pour arriver à la hauteur du palier, *fig*. 5, que vous relevez perpendiculairement à la ligne GH. Si la pièce de bois formant ce limon en crosse, pour venir se joindre à la coupe de celui où il doit s'ajuster, montrait quelques difficultés pour son exécution, on pourrait peut-être alors faire une autre coupe au point I, telle qu'elle est indiquée par des points, ou de telle manière qu'on le jugerait plus convenable. La *fig*. 6 montre les coupes d'about des deux limons que l'on peut consolider par un boulon, comme nous l'avons déjà indiqué dans les planches précédentes, ou par une simple plate-bande en fer entaillée par dessous, portant au moins 24 à 30 centimètres de chaque côté du joint, et retenu au limon par de fortes vis. Marche 19, *fig*. 6, hauteur du socle à réserver au-dessus *i*. *Fig*. 7. Profil de la tête et de la queue d'une marche, où l'on doit observer que les coupes *gh* soient exactement les mêmes, malgré la différence de largeur du giron. Si l'on veut obtenir un plafond régulier, comme la courbe suit la pente sous le plafond ; que vers la tête cette même courbe est plus précipitée, et que cependant il faut que le plafond soit toujours lisse dans son emboîtement d'une marche à l'autre, c'est au moyen de deux calibres, taillés comme épures sur la même pente, figurant les deux côtés de la marche qu'on parviendrait facilement à l'exécution et à la réunion de chacune d'elles pour n'en former qu'un seul corps. *k*, *l*, *m*, *n*, plans de l'épaisseur des morceaux de bois pour la confection des limons *o*, *p*, *q*, *r*, hauteur et longueur des pièces de bois. Pour la coupe du premier limon de base, où se trouve la volute d'échiffre, c'est après avoir contourné son galbe intérieur sur sa masse, tracé ensuite la hauteur des marches et dégrossi de même son épaisseur, que l'on parvient à lui donner la forme du plan, au moyen de points et de lignes parallèles. C'est une sorte de sculpture. Son développement s'obtient de la même manière que les *fig*. 3 et 4.

PLANCHE 9.

ESCALIER DE FORME CARRÉE.

Nous avons donné au bas de la planche 3, *fig*. 1, 2, 3, 4, et suivantes, les détails de cet escalier. Nous le présentons ici dans son ensemble, *fig*. 1re, renfermé dans une cage de 4 mètres 80 centimètres. On monte 24 marches, séparées par deux paliers de repos *a, b*, avant d'arriver à celui du premier étage. Les angles *c* de cet escalier sont arrondis, pour en faciliter la circulation. Comme les têtes des marches *d* s'adaptent à un limon, et que les queues *e* sont scellées dans un mur, on peut indifféremment les employer pleines, ou former leur giron et le pas avec des planches. Les deux premières marches *f, g* sont en pierre. Nous avons déjà dit que cette sorte de construction était nécessaire pour servir de butée au premier emmarchement, duquel dépend toute la solidité. L'escalier est précédé d'un vestibule orné de colonnes, de piédestaux et de niches pour recevoir des statues. On conçoit qu'ici cet ajustement, très-simple dans son ensemble, peut être décoré d'une autre manière, suivant le goût du propriétaire.

Fig. 2. Élévation et coupe de l'escalier et de la cage qui le renferme. *h, i*, marches en pierres ; *k, l*, paliers de repos ; *m*, grand palier ; *n*, reprise de l'escalier pour monter à l'étage au-dessus. Il n'est indiqué que par des points. Comme j'ai donné, même planche 3, *fig*. 2, la base de l'escalier vu de face se rattachant à la *fig*. 4, on pourra y avoir recours pour l'intelligence de la réunion de toutes les parties. Les joints qui forment le décor des murs de la cage sont ordinairement exécutés en peinture.

Fig. 3. Descente de cave (*voy*. pl. 3, *fig*. 7), prise sur la ligne *o, p*, celle de l'escalier sur *q, r*, et la coupe du vestibule et du grand palier sur la ligne du milieu *s, t*.

PLANCHE 10.

ESCALIER DONT LES MARCHES SONT SOUTENUES PAR DEUX LIMONS COURBES CONCENTRIQUES.

Ce fragment d'escalier n'est autre chose qu'une étude. Cependant on pourrait trouver son emploi, soit à l'extrémité d'une galerie, ou au milieu d'une pièce carrée, servant de vestibule, tel que nous avons eu occasion d'en donner l'intention pour remplacer un autre escalier qui occupait un espace dont on voulait tirer un meilleur parti. Entre les deux limons AB, *fig*. 1re, sont distribuées des marches tendant au centre C. Chaque extrémité des marches est assemblée dans des entailles faites aux limons courbes. Le diamètre pris à l'extérieur de la grande courbe n'étant que de 3 mètres 68 centimètres, nous pensons qu'il pourrait être construit tout en bois, et ne former qu'un seul corps. Les marches sont pleines *a* et à recouvrement *b* formant le plafond en retrait sous la bordure du limon, ce qu'on appelle ressocle. Nous avons indiqué ailleurs des moyens d'allégements et moins dispendieux, qui sont des planches formant le giron et la hauteur du pas. Les *fig*. 2 et 3 sont deux coupes d'about *c* et *d*, perpendiculaires à la pente qu'il faut tracer sur les courbes quand elles sont disposées ou prêtes à être mises en œuvre. Ensuite, *fig*. 4 et 5, vient le tracé des marches *e* dans l'intérieur des courbes. Nous ne répéterons pas ici, pour ce dernier, ce que nous avons déjà indiqué précédemment : les marches une fois divisées sur vos courbes, c'est sur l'extrémité de chacune que, après avoir marqué la hauteur courante perpendiculairement à leur face *g*, qu'on appelle le socle *f*, que vous taillez la courbure horizontale que doit avoir votre limon. Dans la planche 2, on trouvera le tracé décrit de l'épure d'un demi-cercle, dont on voit ici deux portions *h* et *i*. L'une des deux, la *fig.* 5, est renversée par rapport à la première, comme représentant l'intérieur du limon qui lui est opposé. *Fig.* 6. Elévation du pied de l'escalier, où l'on voit les coupes qui reçoivent les deux premières courbes des limons. *Fig.* 7. Marche prise à ses deux extrémités, et dont les coupes *k*, *l* doivent être égales d'un bout à l'autre. *Fig.* 8. Coupe du limon prise sur la ligne *m*, *fig.* 4 ; son entaille dans le limon *n* et sa retraite *o*, sous le ressocle du même limon. Les lettres *p*, *q*, *r*, *s*, indiquent la hauteur et la longueur des pièces de bois qui doivent servir à façonner les parties de limons *t*, *u*, *v*, *x* ces dernières marquent la largeur des mêmes pièces prises à leur base sur le plan D, axes correspondant au centre C.

PLANCHE 11.

PLAN, COUPE ET DÉTAILS D'UN ESCALIER DROIT A DOUBLE RAMPE EN RETOUR.

Cet escalier peut être établi dans la maison d'un riche particulier, tel que nous en avons donné des plans dans notre troisième partie du *Vignole des Ouvriers*, pl. 34, 37, etc. L'aspect en est agréable par sa régularité, son ensemble et sa légéreté. Il peut être construit plus simplement dans le même système, en se renfermant dans la première montée, le premier palier, les marches pour arriver au second palier, et le retour jusqu'à l'étage supérieur. Il peut trouver encore, de cette sorte, sa place dans quelques plans de la même partie du *Vignole*.

Fig. 1re. Plan de l'escalier. La cage qui le renferme a 5 mètres 24 centimètres sur 5 mètres 40. L'emmarchement du milieu a 1 mètre 28 centimètres, et ceux des autres rampes 1 mètre 12 centimètres. La première montée est de douze marches jusqu'au premier palier *a*. De celui-ci on monte quatre marches de chaque côté jusqu'aux deux autres *b*, *c*, et de ces derniers on est conduit par douze autres marches au premier étage *d*, *e*. A cette hauteur, au moyen d'une forte pièce de bois *f* transversale qui soutient le grand palier, la même disposition pourrait être employée pour arriver à un second étage ; les marches de l'escalier pour arriver au premier étage seraient massives, sans limon, liées entre elles par des boulons ou des plates-bandes en fer, etc. Celui que l'on continuerait au-dessus serait sur crémaillère, et les marches composées de planches, et de même, sous la crémaillère, consolidées par une plate-bande. (*Voy*. planche 1re de cette partie.) *Fig.* 2. Coupe sur la ligne AB, face et profil des autres marches jusqu'au grand palier. *Fig.* 3. Profil du premier au second palier sur la ligne CD. *Fig.* 4. Coupe prise sur la ligne EF, qui montre le dessous de l'emmarchement d'un palier à l'autre, la coupe de la marche palière *g* et la plate-bande en fer *h* qui les relie ensemble. *Fig.* 5. Montre le profil d'une marche *i*, son cordon de couronnement *k*, sa base traversée par les boulons *l*. Sur le même profil est ponctuée la plate-bande *m*. Le même profil montre la figure de deux sortes de barreaux *n*. *Fig.* 6. La même marche vue de face, le barreau *o* isolé terminé par une patère sur la marche, les deux boulons *p* qui la traversent dans l'épaisseur de la coupe en joints. *Fig.* 7. Autre marche sur laquelle est indiquée la plate-bande *q* en fer au lieu des boulons *r*, le barreau de la rampe terminé en cou de cygne qui se joint à la patère fixée sur la marche pour le recevoir.

Nota. Sans qu'il soit nécessaire de présenter un nouveau dessin, si l'on voulait, retournant ce même escalier, le faire monter de sa base par deux rampes qui se réuniraient à une seule, celle du milieu, le vestibule alors pourrait être ouvert en face entre quatre colonnes également espacées, et l'on pourrait, comme pour celui-ci, le répéter de l'autre côté du vestibule, qui, au premier étage, formerait une antichambre précédant les appartements. Le système de construction serait toujours le même.

PLANCHE 12.

La forme de la cage de cet escalier, comme escalier principal, ne peut être qu'accidentelle, le terrain seul peut la nécessiter ; car dans un terrain libre, où l'on peut projeter régulièrement, on ne saurait l'adopter sans nuire à la disposition des autres pièces qui la suivraient ou la précéderaient. Les seuls cas où cette forme pourrait, pour ainsi dire, être commandée, c'est dans un terrain irrégulier qui exige souvent une disposition de plan telle qu'on ne puisse pas toujours l'éviter. C'est pourquoi nous avons cru devoir en présenter un exemple. Celui que nous avons déjà donné, planche 5, dans la même forme, est sur crémaillère, et présenté comme escalier de dégagement.

Fig. 1re. Plan de l'escalier. ABC, centre des angles radoucis du limon soutenant les marches, dont le nombre ici est indéterminé. *a*, pied de l'escalier. L'enceinte de la cage est ponctuée et de même indéterminée ; l'emmarchement a 96 centimètres de largeur. *Fig.* 2. Partie de l'élévation prise du pied de l'escalier. La première marche *b*, le parpaing d'échiffre *c*, qui est de la même hauteur que la marche, et le patin d'échiffre *d*, s'alignent avec la seconde marche *e*, la forme du limon qui se termine en volute par le plan *e*. *Fig.* 3. Élévation de l'escalier prise en face du limon. La première marche en pierre *f*, dont la coupe est prise à sa jonction au mur ; ainsi que les marches en bois au-dessus *g*. Le limon et les marches qui suivent la courbure y sont profilées d'après le plan. *Fig.* 4. Forme du sabot dans l'angle où se trouve le palier de repos. Le dessin explique la manière dont il doit être relevé du plan *hh* pour les deux coupes d'assemblage, en traçant d'abord la largeur du palier *i*, la marche d'arrivée et celle qui reprend la montée. *Fig.* 5. Limon crosse qui se rattache au limon courbe, *fig.* 6, qui conduit à celui du grand palier droit, *fig.* 7. *Fig.* 8, 9, 10, indiquent les coupes simples en joints de limons.

La forme de cet escalier, dont je ne donne ici qu'un indice du plan, convient pour les endroits publics où il faut quelque chose de simple et de solide en même temps. L'emmarchement aurait au moins 1 mètre 23 centimètres de largeur. La forme de sa cage pourrait avoir une fois et demie sa largeur en longueur. *Fig.* 11. Plan de la marche palière ; les limons, aux angles forment le quart du cercle, que l'on nomme angles radoucis. *Fig.* 12. Élévation, ou partie horizontale du limon sur lequel vient se rattacher le limon droit. Cette partie du limon doit être ménagée en façonnant la marche palière, ou pour mieux dire, ne faire qu'un seul corps avec elle. Quand les limons droits qui s'y rattachent, pour monter à l'étage supérieur, sont d'une trop grande portée, ce qui peut les rendre susceptibles de se voiler, on traverse alors leur épaisseur et toute la largeur de l'emmarchement par un ou plusieurs boulons scellés d'un bout dans le mur, et dont la tête, carrée de l'autre, encastrée dans l'épaisseur du limon, en maintient la largeur parallèle au mur. Ces mêmes boulons se trouvent renfermés dans l'épaisseur du plafond de l'escalier. *Fig.* 13 et 14. Sont les coupes pour le rapprochement des parties de courbes des limons qui se terminent en crosses (voir les exemples que nous en avons déjà donnés.) *Fig.* 15. Coupe de la marche palière, prise sur la ligne AB. Pour obtenir les portions courbes des limons qui doivent les joindre l'un à l'autre, des points d'intersection, *aa*, vous portez deux parties égales de chaque côté *bc*, et de ces deux points, par deux traits de section, vous prolongez une ligne passant en *a*. C'est sur cette ligne que vous cherchez le centre des courbes, et que, à leur rencontre aux deux points du limon, vous tirez du centre *o* deux lignes qui vous marquent l'arrêt *d e*, ou la liaison des lignes du limon droit avec les courbes. Le raccordement du dessus du limon de la *fig*. 14, dont la courbure est moins allongée, pour observer également la distance du socle au-dessus des marches, se prend au point *f*, sur la ligne d'axe, et les deux jonctions aux parties des limons se déterminent de même par le contact du cercle en *gh*. (*Voy*. pl. 2, *fig*. 3).

PLANCHE 13.

PLAN ET COUPE D'UN ESCALIER, LE LIMON CINTRÉ SUR DEUX LIMONS DROITS.

Fig. 1re. Le plan de cet escalier présente la continuation, par deux limons droits, réunis à la courbe rampante du limon tracé sur un plan demi-circulaire (*voy*. pl. 2, *fig*. 7, 8 et 9), où nous avons détaillé la manière d'opérer pour parvenir au développement de cette courbe ainsi que de son épure. Ne devant pas offrir une seconde fois le même objet, nous en avons formé la coupe d'un escalier dont la même courbe se voit de profil. Se rattachant au limon de base *a*, *a*, et de ce point en suivant la courbe jusqu'en *b*, *b*, où vient se joindre l'autre partie du limon jusqu'au palier *c*. En suivant les abouts des marches d'après le plan, le tracé de la *fig*. 2 devient facile, la manière d'opérer étant la même que celle employée pour les *fig*. 7, 8 et 9 de la pl. 2. On monte vingt-trois marches pour arriver au palier du premier étage, sur lequel sont ouvertes plusieurs portes pour entrer dans les appartements. Le même système d'emmarchement peut être continué ainsi que nous l'indiquons *d* pour monter aux autres étages. La cage a 4 mètres 72 centimètres de longueur sur 3 mètres 20 de largeur. L'emmarchement a 1 mètre 12 centimètres. Revenant à la partie courbe du plan, après avoir divisé, sur le giron moyen, le nombre de marches que doit contenir le cintre, depuis *e* jusqu'à *f*, de la première sur le limon *g* jusqu'à la ligne d'axe *h*, vous divisez cette partie en trois, dont vous en portez une au-dessous *i*, pour la tête de votre marche, que de ce point vous faites passer en *k* sur la jonction de la ligne d'axe au moyen giron, pour éviter le jarret que ferait nécessairement la réunion des deux limons, et j'observerai même qu'un commencement de courbe doit prendre, pour se lier à la grande courbe, entre les marches 6 et 7, et de même pour celles correspondantes au-dessus 17 et 18. *l*, boulons traversant sous l'emmargement; ces mêmes boulons s'emploient pour les escaliers circulaires isolés, afin d'éviter tout écartement d'une crémaillère à l'autre. Ils doivent être ronds, la tête carrée, d'un côté cachés dans une entaille, et de l'autre avec vis et écrou. (*Voy*. pl. 12, et page 18, *Marche palière*).

Cet escalier est un de ceux que l'on peut exécuter dans beaucoup de maisons dont le terrain a peu d'étendue, en ce qui est commode pour le transport des meubles, ne présentant aucun angle qui puisse arrêter.

Pour un escalier dont la partie cintrée ne pourrait pas avoir la même ouverture que celui-ci, et auquel on voudrait donner une forme oblongue avec un palier de repos. *Voyez* la pl. 3, *fig*. 1re, et les suivantes haut de la planche. Ces sortes de formes d'escaliers sont les plus en usage aujourd'hui, pour éviter, autant que possible, les marches dansantes, qui, outre qu'elles ne sont pas agréables à l'œil, ont l'inconvénient de n'être pas régulières pour le pas. Les marches dansantes sont celles qui ne sont ni d'équerre avec les limons, ni dont les rayons ne tendent à aucun point direct, comme le centre d'un quartier tournant, etc. (1). On me dira peut-être qu'il n'est pas toujours au pouvoir du constructeur de les éviter ;

(1) Telle que celle du point *i* au point *k*, et celle qui lui est opposée, mais ici peu sensibles, et que l'on peut même éviter en suivant la marche indiquée pour le quartier tournant de la planche 7.

je répondrai oui, s'il s'agit d'une restauration dont la place de l'escalier soit marquée invariablement. Mais, comme je l'ai dit, on doit les éviter, autant que possible, dans le projet d'une maison à bâtir, où rien ne peut, ni ne doit même gêner. C'est là qu'il faut placer l'escalier le plus convenablement, pour qu'il soit aperçu dès en entrant dans la maison ; le concevoir, enfin, de manière à rendre la montée facile et commode pour le service des appartements.

PLANCHE 14.

ESCALIER DROIT A DOUBLE RAMPE EN RETOUR, DANS UN PLAN DEMI-CIRCULAIRE, DIT EN FER-A-CHEVAL.

Fig. 1re. Plan de l'escalier. On présume cet escalier devoir être précédé d'un vestibule qui dégagerait à d'autres pièces au-dessus desquelles il y aurait un ou deux étages. La montée principale se présente en face de l'entrée. Cette partie, jusqu'au palier qui sépare les deux autres rampes, pourrait être construite en pierre. *Fig.* 2, dont la coupe des marches serait la même que celle indiquée pour le bois. La butée solidement établie par le bas, et la voûte d'arête soutenant le palier avec la coupe des marches, forme-raient une sorte d'arc-boutant qu'on pourrait, au besoin, consolider par une barre de fer de chaque côté sous le cours des marches. Les deux autres rampes seraient construites en bois à marches pleines ou sur crémaillère, en marches pleines maintenues par des boulons, sur crémaillère par des plates-bandes en fer. (*Voy.* la planche 11.) Dans ce dernier cas, chaque crémaillère devra être faite de deux pièces, la portée pour une seule pourrait ne pas être solide. Les deux rampes arrivent de chaque côté sur un palier commun qui dégage aux divers appartements. Pour l'étage au-dessus du premier, on trouverait facilement, dans la disposition de celui-ci, la place pour un escalier de service (*voy* pl. 36 de la 3e part. du *Vignole*). Je crois inutile d'entrer dans d'autres détails concernant cet escalier ; ceux pour son exécution étant les mêmes que nous avons déjà donnés pour plusieurs qui le précèdent, on pourra y avoir recours.

Fig. 3. Indication de la forme de l'arc surbaissé au-dessus des colonnes qui supportent le grand palier.

Nota. On peut appliquer à cet escalier la même disposition dont nous avons donné l'intention pour celui de la planche 11e, en changeant, toutefois, le système de construction pour la rampe du milieu, qu'on établirait alors comme celle des côtés, soit en marches pleines, ou sur crémaillère.

PLANCHE 15.

ESCALIER CIRCULAIRE A NOYAU A JOUR.

Fig. 1re. Plan d'un escalier circulaire, dans une cage de même circulaire, dont le diamètre est de 3 mètres 84 centimètres. L'emmarchement *a* est de 1 mètre 28 centimètres ; il se compose de vingt-six marches pour arriver au palier de l'étage où il conduit *d*, ce qui laisse à celui inférieur 3 mètres 84 centimètres de hauteur et 32 centimètres pour l'épaisseur du plancher. Nous le présentons ici avec ses marches, leur cor-don en retour d'équerre. Il peut être également construit en marches pleines. (*Voy.*, pour les détails de construction, la planche 1re et la planche 4 ou sur crémaillère, pour le choix de l'une ou l'autre construc-tion, *voyez* les mêmes planches et la planche 6.) Pour laisser voir cet escalier dans tout son développement, ainsi que la coupe de son palier, il a fallu le dégager de la moitié du cercle qui le renferme. La différence qu'il y a de celui-ci à ceux contenus dans la planche 4, c'est que ces derniers sont isolés et portent sur eux-mêmes, tandis que celui-ci a le côté du mur pour appui et présente une exécution plus facile, et susceptible d'être construit dans un plus grand diamètre. Nous avons indiqué, dans le plan, celui des barreaux c, fixés à chaque marche en dehors de leurs contre-profils, de même que nous avons exprimé, par des lignes ponctuées, la construction du palier b d'arrivée, au pied duquel l'escalier commence une seconde révolution pour monter à l'étage supérieur. Si l'on construisait la première révolution en marches pleines maintenues par des boulons ou par une plate-bande en fer, on pourrait, ou par économie, ou pour alléger, former les degrés de la seconde révolution avec des simples planches, comme nous les avons indiquées par plusieurs manières de les appliquer. (*Voyez* la planche 1re.)

Fig. 2. Elévation de l'escalier. La partie du pied de l'escalier e, qui serait construite en pierre, son développement f vu en face, et son tournant montrant le plafond g, la coupe des marches h, sur le mur, celle du palier i et la reprise de l'escalier au-dessus k.

PLANCHE 16.

Cet escalier, à noyau à jour, prend sa forme de la pièce qui le renferme. Cette pièce, ou cage d'escalier, comme on l'appelle vulgairement, a 5 mètres 44 centimètres sur 4 mètres 16. L'escalier présente deux bases opposées dont les rampes arrivent à la même hauteur et donnent entrée à deux appartements différents. Ces rampes portent chacune vingt et une marches. Les queues sont scellées dans le mur ou fixées sur une fausse crémaillère. Les têtes des marches de la *fig.* 1re sont portées sur un limon. Celles de la *fig.* 2 sont sur crémaillère, ou formées de marches pleines liées entre elles par des boulons. La moitié de la circonférence de la pièce n'est indiquée que par la coupe même des marches, pour mieux en faire comprendre l'ajustement des unes sur les autres. *Fig.* 3. Profil et développement de la base de l'escalier, de son limon a, de son mur d'échiffre b, du patin c, et de sa volute d'échiffre d. Le développement du limon est pris sur la ligne A-B. *Fig.* 4. Développement ou profil de la seconde partie du limon jusqu'au palier e, pris sur la ligne C-D. *Fig.* 5. Coupe d'about, ou la jonction des deux limons. *Fig.* 2. La rampe, comme nous l'avons dit, est construite par un autre système. *Fig.* 6. Base de l'escalier prise sur la ligne E-F. Le profil de la crémaillère jusqu'à sa jonction à la seconde. *Fig.* 7. Prise sur la ligne G-H, celle-ci se prolonge jusqu'au palier. *Fig.* 8, *fig.* 9. Jonction des deux portions de crémaillères ; elle montre comment elles s'ajustent l'une sur l'autre, et sont retenues par des boulons. (*Voy.* pl. 6.) f, plancher des paliers indiqués par des lignes ponctuées. Les profils des deux paliers et leurs coupes d'about sont pris, l'une e sur la face intérieure du limon, et l'autre, *fig.* 8, sur la face opposée. *Fig.* 10. Elévation de l'escalier du côté du limon. La rampe opposée ne présente qu'une partie de son profil, son plafond et la coupe de ses marches sur le mur jusqu'au plancher g, et au-dessus h, la reprise des deux rampes pour monter à l'étage supérieur. Pour les détails d'exécution, nous renvoyons à la planche 1re et à la planche 6.

Nota. La coupe des marches i les indique pleines et à recouvrement, et le profil fuyant k présente la crémaillère suivant les détails du plan.

PLANCHE 17.

ESCALIER DROIT A DEUX RAMPES OPPOSÉES.

Fig. 1re. Plan de l'escalier. Cet escalier peut trouver sa place au fond d'un atelier pour conduire à des magasins ou à d'autres pièces de travail. Simple dans son exécution, il peut être confectionné comme le précédent, par l'un des trois moyens que nous avons indiqués. Il est isolé dans l'espace qui le renferme, et ne touche à l'édifice que par ses paliers d'arrivée. Il est composé de 32 marches. Soit que l'on monte directement ou que l'on reprenne en retour sur soi-même au premier palier, comme par exemple, du point A, vous pouvez monter au palier d'arrivée B, si vous avez besoin de ce côté, comme tournant en C, palier de repos, vous arrivez en D, de même côté que A. *Fig.* 2. Elévation en profil des marches, les paliers B-D, qui donnent entrée aux diverses pièces de l'étage. Ces sortes d'escaliers de service peuvent être exécutés d'une manière légère et peu dispendieuse, et être l'œuvre du menuisier. La coupe du bâtiment, pour laisser voir l'escalier dans son entier, est prise sur la ligne E F.

PLANCHE 18.

ESCALIER CIRCULAIRE A DEUX RAMPES OPPOSÉES.

Fig 1re. Le plan de cet escalier présente, comme celui de la planche précédente, deux rampes opposées, conduisant, par un même nombre de marches, à deux appartements de même opposés. Les marches sont portées par un limon réuni par deux coupes, jusqu'à celui d'about, à la hauteur des paliers. Le diamètre de la cage est de 5 mètres 70 centimètres, et l'emmarchement de 1 mètre 28 centimètres. *Fig.* 2, montre *a* la face des marches et leurs coupes, *b* sur la partie du mur intérieur de la cage, supprimé pour faire sentir la disposition et l'ensemble des deux rampes. *Fig.* 3, montre la base de l'escalier de ce côté, la volute du limon *c* et le limon soutenu par son patin *d*, et sa jambette *e* d'échiffre, et la continuité du plafond, la coupe des marches *f*, jusqu'à son arrivée au palier *g*. Ces deux rampes sont exactement semblables pour leur construction (*Voy.* les détails dans la planche suivante.)

PLANCHE 19.

DÉTAILS DE L'ESCALIER PRÉCÉDENT.

La disposition du plan est la même, seulement l'échelle est augmentée d'un quart. *Fig.* 1re. Plan du limon, son cours et les coupes sur sa circonférence ; *a*, volute d'échiffre ; *b*, première coupe ; *c*, deuxième coupe d'about au palier. *Fig.* 2. Profil de limon jusqu'à sa première coupe *d*, pris sur la ligne A-B; *e*, volute d'échiffre ; *f*, parpaing ; *g*, patin et jambette d'échiffre *h* ; *i*, épure du même limon, dans lequel est inscrit la masse de sa volute d'échiffre. *Fig.* 3. Profil et développement de la seconde courbe du limon pris sur la ligne C-D, et son ételon tracé au-dessus. *Fig.* 4. Coupe d'about. *Fig.* 5. Tracé du palier pris au dehors du limon. Ce limon, tel qu'il est tracé en lignes pleines, présente la forme de celui qu'il doit avoir,

4

si l'on ne veut qu'une seule rampe partant de la base pour conduire à plusieurs étages. Mais si l'on adoptait les deux rampes, à sa configuration première, il faudrait y adapter celle ponctuée, qui est la contre-épreuve de celui exprimé au trait.

PLANCHE 20.

ESCALIER IMITÉ DE CELUI DE CHAMBORD.

Fig. 1ʳᵉ. Plan de l'escalier. Le diamètre de la cage est de 9 mètres 60 centimètres, et l'emmarchement a 1 mètre 60 centimètres. L'intérieur présente, à sa base, quatre rampes indépendantes les unes des autres, et qui conduisent chacune à quatre appartements différents. Comme, par exemple, en montant de A, on arrive à B, palier de repos, de B, on parvient à C, second palier, qui donne entrée, par la porte opposée au point de départ, dans un appartement situé au premier étage. Le cours de ces deux révolutions est de 36 marches. Si vous prenez votre départ du chiffre 1, vous arrivez au palier 2, et de là, au palier 3, qui donne entrée à l'appartement de même opposé au point de départ, et ainsi pour les deux autres appartements, qui sont en face les deux premiers. Poursuivant de chacun des paliers d'arrivée à cet étage, vous parvenez de la même manière aux quatre appartements situés au-dessus des premiers. Je n'ai indiqué par ce dessin que la marche à suivre. Chaque rampe peut être également construite sur limons, sur crémaillères, ou en marches pleines ; et, comme les planches précédentes donnent tous les renseignements nécessaires pour la construction de l'une et des autres façons que l'on adopterait, nous y renvoyons. *Fig.* 2. Élévation des 4 rampes, dégagées de la moitié de leur enceinte intérieure. Nous y avons rapporté, sur chaque point de départ et sur les paliers, les lettres et les mêmes chiffres que sur le plan. Ainsi, les chiffres 2 et 6 indiquent la coupe des paliers du côté de l'entrée au-dessus des A ; 3 et 5, celle des paliers de côtés ; B, *b*, ceux opposés à ces derniers, et C, *c*, ceux vus de face, et les paliers de repos au-dessous de ces derniers.

REMARQUE.

Les maisons que l'on bâtissait autrefois portaient un caractère de solidité que la plupart de celles que l'on bâtit aujourd'hui sont loin de présenter ; tout y était en rapport, épaisseur des murs, solidité des cloisons, et les escaliers répondaient à cette solidité. Les limons étaient ajustés sur des poteaux montant de fond et conduisant toujours au palier principal, dont la marche palière formait corps avec la construction. Les paliers de repos s'ajustaient de même aux poteaux. Cette exécution simple ne demandait que de la pratique de la part de l'ouvrier. On a renoncé à cette manière de les construire avec une sorte de raison ; car leur ressemblance avec les étaiements ne présentait jamais une forme ni élégante, ni agréable. Dans la suite, on a supprimé les poteaux montants en les réduisant à la hauteur d'appui, en suivant du reste le même système de construction (1). Le temps n'est pas très-éloigné où l'on a commencé à simplifier cette partie en lui donnant toute la solidité désirable. Cependant il est bon d'observer que plusieurs de ces escaliers, faits à grands frais, ne conviennent que pour les maisons bourgeoises ou particulières. Celles, au contraire, destinées à la location, et devant être habitées par des personnes de toutes sortes d'état, et

_____

(1) A cette époque, les marches étaient composées de pièces de bois que l'on appelait membrières, formant la hauteur du pas, et lorsque des pièces n'étaient pas assez larges pour en former les girons, on en remplissait l'intervalle jusqu'au pas suivant par des carreaux (*voy.* pl. 1ʳᵉ, fig 1ʳᵉ). Par suite, on éprouva quelques difficultés pour les orner de moulures sur le devant, sous le prétexte que cet ornement était plus nuisible que nécessaire, parce que, en montant les marches, le bout du pied venant à s'y accrocher, pouvait causer beaucoup d'accidents, ce qui même était déjà arrivé en parcourant les premiers escaliers exécutés récemment de la sorte.

par conséquent, supportant plus de fatigues, les escaliers sur limons sont les seuls convenables, et encore, les limons droits sont-ils préférables aux limons circulaires, bien que la base de ces derniers soit solidement établie sur des murs et des patins d'échiffre que l'on élève au-dessous. (*Voy*, pl. 16 et 18 ; et pour les limons droits radoucis à leurs angles, les pl. 3, 7, 9, 12 et 13). J'ai cru devoir donner cet avis, dont on fera l'usage que l'on voudra, et renvoyer aux planches de l'ouvrage pour se déterminer dans le choix, suivant que se présenteraient les localités où l'on aurait à établir des escaliers en charpente et en menuiserie.

COMPLÉMENT

DE LA QUATRIÈME PARTIE

DU

VIGNOLE DES OUVRIERS

CONTENANT ONZE NOUVEAUX ESCALIERS

Comme quelques-uns des escaliers que j'ai déjà présentés offrent peut-être des difficultés qu'il n'est pas toujours facile de surmonter pour beaucoup d'ouvriers qui n'ont pratiqué cette partie du bâtiment que selon l'habitude ou les besoins du pays où ils se trouvent, j'ai pensé qu'en me rapprochant, sinon des formes anciennes (dont j'ai parlé dans la remarque précédente), mais en employant leurs moyens de supports, je pouvais donner des dessins de quelques escaliers qui, tenant et des uns et des autres, présenteraient, cependant, un aspect de légèreté et un ensemble satisfaisant, et seraient d'une construction facile et peu dispendieuse.

INSTRUCTION POUR LES JEUNES ÉLÈVES.

Comme la science n'est pas toujours du domaine de la plupart des ouvriers, et qu'il en est de même pour les définitions mathématiques et les calculs arithmétiques, il leur faut donc, pour y suppléer, une exposition simple et qu'ils puissent comprendre, pour exécuter sur les dessins qu'on leur présente, ou pour, dans les mêmes rapports, en exécuter d'après leurs propres conceptions. C'est sous ce point de vue que nous avons basé la description suivante.

Sur un espace disposé horizontalement dans le chantier, qu'on appelle un aire, vous tracez votre plan de même horizontalement de la grandeur de l'exécution, comme vous l'aurez fait sur le papier en plus petite dimension pour vous rendre compte de la forme que vous aurez adoptée, celle des girons, ou parallèles entre eux, ou tendant à un centre commun, ou enfin à des portions de quartiers tournants se rattachant à des limons droits. Sur ce plan, comme sur votre papier, vous prolongerez perpendiculairement chaque face de vos marches, sur lesquelles vous reporterez la hauteur commune de 16 centimètres, et sur la pente qu'elles vous donneront, vous établirez votre limon ou votre crémaillère. Voilà pour les parties des limons droits. Maintenant, il faut obtenir les courbes auxquelles ils doivent se réunir, c'est toujours sur le même plan tracé sur votre aire que, guidé par votre dessin, vous devez les établir, ainsi que nous l'avons indiqué pl. 2, *fig.* 7, 8 et 9, et par la *fig.* 1ʳᵉ, pl. 10, où la masse de bois est indiquée graphiquement par les lettres t, u, v et x, laquelle présente 1 mètre 44 centimètres environ, mesure prise perpendiculairement d'une extrémité à l'autre, sur 36 centimètres de profondeur, et doit contenir 9 espaces de girons et 9 hauteurs de marches ; ce qui donne pour le développement du plus grand côté de la courbe 2 mètres 40 centimètres (1). La *fig.* 4 de la même planche présente, pour la pièce de bois, 2 mètres 36 centimètres de base sur 62 centimètres de profondeur, et de hauteur, pour le limon, 40 centimètres à chacun de ses angles bruts,

---

(1) Voyez pour l'emploi de l'épreuve, le *Nota* page 13 de la planche 7.

tels que q, r, s et t, et pour le développement du plus grand côté de l'épure, 2 mètres 96 centimètres. Ainsi, de même que pour les limons droits, il est facile d'opérer pour les limons courbes. La courbe, au moyen de votre épure, une fois tracée sur votre bois et dégagée de tout celui inutile, l'aplomb de chaque tête des marches y étant marqué, vous n'avez plus qu'à incliner votre pièce, suivant la division de vos marches, et, posé perpendiculairement sur votre plan (ce qui donne de l'angle q à l'angle opposé t, 1 mètre 2 centimètres de pente environ) pour les mettre en rapport ou d'équerre avec les girons et leur raccordement avec les marches qui les précèdent et celles qui les suivent. Pour les escaliers dont la rampe en retour est droite comme celle qui lui est opposée, vous faites l'opération inverse jusqu'à la hauteur du palier supérieur d'arrivée. Ce travail achevé, ou assez avancé, c'est alors que sur le chantier même vous élevez, par un échafaudage, toutes les parties qui concourent à former l'ensemble de votre limon pour en déterminer les coupes en joints et les entailles qui doivent recevoir le colet des marches, afin que vous n'ayez plus qu'à placer toutes ces pièces dans votre bâtiment sur la base que vous aurez fait établir par le maçon. Le tout étant bien appuyé sur la marche palière, vos coupes en joints boulonnées, ou maintennes par des plates-bandes de fer, vous n'avez plus qu'à vous occuper de poser vos marches, en commençant par celles du bas, au-dessus des deux premières, qui doivent être construites en pierre pour servir de buté au limon qui, lui-même, doit être encore soutenu à une certaine distance de sa base par une pièce de bois appelée *jambette* (2), posée sur un mur d'échiffre, et faisant partie du patin d'échiffre avec lequel il est ajusté. Pour le scellement de la queue de vos marches dans le mur, comme vous leur aurez laissé l'excédant nécessaire pour cet effet, vous présentez chacune d'elles sur le limon, perpendiculairement à l'entaille qui doit le recevoir, faite dans le même limon, pour, de ce côté, les couper suivant leurs directions, ou droites ou rayonnantes, et les diriger de niveau sur le mur, afin d'y marquer la place de leur scellement, en déduisant la hauteur empruntée sur le limon même pour la reporter en contre-bas. Ainsi, que vos marches soient parallèles, rayonnantes ou dansantes, il vous sera facile d'en déterminer la place en suivant exactement les données de votre plan. Pour les escaliers dont les marches sont toutes ou en partie parallèles, celle de base scellée en place, de même que la marche la plus élevée, au moyen d'un cordeau tendu de l'une à l'autre, on obtient facilement la place du scellement pour chacune de celles qui doivent remplir l'espace entre celle de base et celle de l'extrémité. Je ne dois point omettre qu'il faut, autant que possible, n'employer le bois que dans son fil, et pour les courbes, s'il se peut, choisir celui qui, par sa nature, se prêterait à vos opérations.

PLANCHE 21.

ESCALIERS, LE PREMIER A VIS SAINT-GILLES, A NOYAU PLEIN ; LE SECOND DE MÊME A VIS A NOYAU PLEIN, MAIS LA QUEUE DES MARCHES PORTÉE PAR UN LIMON CIRCULAIRE.

Ces deux escaliers sont de la plus petite dimension.

Fig. 1re. Plan de l'escalier, son diamètre intérieur est de 1 mètre 60 centimètres. L'emmarchement a 68 centimètres, et le noyau 24 centimètres de diamètre. La hauteur du pas est de 18 centimètres. L'é-

(2) Voyez les pl. 3, 7, 16, 18 et 19.

chappé, pris sur la ligne du giron moyen, est de 2 mètres 92 centimètres. La treizième marche est perpendiculaire à la première, qui s'élève du sol. *Fig.* 2. Élévation et coupe de l'escalier. Cet escalier peut être également construit en pierre ou en bois ; c'est le même principe pour son exécution. Si on l'exécute en pierre, une seule assise, y compris le noyau, peut former deux marches ainsi que le parement intérieur de la cage, et ainsi de suite, que l'on superpose les unes sur les autres. Si c'est en bois qu'on veut l'exécuter, on peut également le former de marches pleines ou de planches que l'on assujettit d'un côté sous le noyau, et de l'autre sur une cloison. (*Voyez* les planches précédentes, sur lesquelles ces détails sont exprimés.)

REMARQUE.

Comme la construction en pierre diffère de celle en bois, on doit pour la première donner plus d'épaisseur aux marches sous le plafond, ainsi que l'indiquent les lignes ponctuées *a b*, et ensuite, pour obtenir le joint de coupe *c*, il faut de l'extrémité de la marche *d* tirer une perpendiculaire à la pente. Cette règle peut s'appliquer de même aux marches pleines en bois pour les escaliers à l'anglaise, qui sont ordinairement traversés par des boulons dans leur coupe en joint. Si j'ai omis de parler de ce principe dans l'explication de la première planche, on pourra voir cependant, en consultant la *figure* 6, que le joint s'aligne sur la saillie de la moulure perpendiculairement à la pente, cette saillie présentant l'angle droit d'une marche sans moulure.

ESCALIER ISOLÉ.

Fig. 3. Cet escalier est pareillement à vis à noyau, il est de la même dimension que le premier, mais l'emmarchement, fait avec des bouts de planches, est supporté par des portions de limons fixés aux quatre colonnes montant de fond comme le noyau : cet escalier peut être construit au milieu, à l'angle, ou dans toute autre partie d'une pièce pour monter à plusieurs étages, comme pour parvenir à un belvédère, à une terrasse, etc.

Fig. 4. Sa construction, légère et solide, est d'une exécution facile. Il peut être également établi sur crémaillères, ce qui lui donnerait un autre caractère de légèreté. Les moyens d'exécution sont les mêmes que pour ceux que nous avons déjà expliqués pour les précédents, sur limons ou sur crémaillères. Pour laisser voir le cours du limon, les colonnes au devant de la figure du plan ont été omises.

Il serait de même facile d'exécuter cet escalier en fonte de fer, en formant une assise de chaque marche et du noyau. On pourrait réduire le diamètre des colonnes qui servent de support, et faire le noyau creux. Chacune des marches auxquelles seraient ménagés des retraits l'une sur l'autre, pour leur emboîtement, serait ensuite consolidée par des boulons à écrous à chaque joint perpendiculaire. (*Voyez* pl. 5, *fig.* 8). Et pour le joint dont je parle (comme l'exprime la *fig.* 7 de la même planche), la rampe s'ajusterait à l'ordinaire en dehors, et son appui, ou conducteur, serait fixé de même sur chaque colonne d'angle, et le plafond fait avec des feuilles de tôle rivées ensemble ou réunies par un moyen quelconque, et le tout recouvert d'une couleur de bronze ou de toute autre couleur.

PLANCHE 22.

ESCALIER A QUADRUPLES RAMPES CONSTRUIT DANS UNE CAGE CARRÉE.

Cet escalier, construit dans une cage carrée par sa base, présente la même combinaison que celui de la pl. 20, dont la forme est circulaire. Comme ce dernier, il se compose de quatre rampes passant les unes sur les autres et conduisant chacune à quatre appartements différents. La pièce a 9 mètres 60 centimètres de chaque côté, et l'emmarchement 1 mètre 28 centimètres. Chaque rampe a trois paliers de repos a, b, c, avant que d'arriver au principal palier d, pour l'entrée dans l'appartement auquel il conduit.

Ainsi, du pied de l'escalier 1, en montant de ce côté la moitié de l'espace, ensuite toute la largeur de la cage, vous reprenez la moitié de l'autre espace, qui vous conduit à la hauteur de l'étage opposé au point de départ. C'est ainsi qu'en prenant les rampes telles qu'elles sont indiquées, vous arrivez par chacune de la même manière que vous avez fait pour la première, en suivant les chiffres placés au pied et à l'arrivée de chaque palier principal. La coupe des rampes est prise sur la ligne A B, et celle de la cage sur la ligne C D. Sans doute on exécute peu de ces sortes d'escalier, mais cependant ils pourraient convenir pour des établissements où la manutention des divers ouvrages n'exigerait pas que les ouvriers dussent se communiquer, et dont la surveillance même serait facile. Ces escaliers, simples pour leur construction, puisqu'ils ne présentent aucune forme tronquée, pourraient s'exécuter facilement, soit sur limons ou sur crémaillères. Pour les détails, voir les planches première et les suivantes.

Nota. Comme cet escalier ne peut être placé qu'au centre de plusieurs pièces ou ateliers y correspondant, il pourrait être voûté suivant la méthode de Philibert Delorme ou celle de Lacasse ; il tirerait son jour du haut. (*Voyez*, pour la charpente, la seconde partie du même *Vignole*, pl. 24.)

PLANCHE 23.

ESCALIER A VIS, A NOYAU, A JOUR ET A DOUBLE RAMPE, ISOLÉ PAR UNE GALERIE.

Figure 1re. Le diamètre de la cage est de 9 mètres 60 centimètres, la distance du mur à l'axe des colonnes est de 1 mètre 71 centimètres, et forme une galerie a de communication aux pièces distribuées à son pourtour. L'emmarchement b est de 1 mètre 44 centimètres. L'escalier présente deux bases opposées, et chaque rampe est composée de 26 marches, et ces dernières arrivent à un palier qui communique à la galerie de cet étage. Ce palier est de la largeur de l'entre-colonne, indiquée par deux diagonales ponctuées. De là reprend la première marche (laissant au-dessous d'elle 2 mètres 24 centimètres d'échappé), pour arriver par le même nombre de marches que celles qui prennent du bas à l'étage au-dessus, et dont le palier et celui qui lui est opposé sont sur la perpendiculaire aux deux entre-colonnes d, à la base de l'escalier. *Fig.* 2. Les colonnes montant de fond soutiendraient le plancher de la galerie, dont les marches palières feraient partie, et les crémaillères seraient fixées sur chaque colonne, à tenons pris à mi-bois, et fortifiées par dessous avec une plate-bande de fer. Le noyau à jour serait de même une crémaillère dont la construction et les coupes seraient réglées à l'ordinaire. (*Voyez* pl. 6.) Cet escalier, simple et léger, peut trouver son application dans beaucoup de maisons particulières, et produire le meilleur effet. (*Voyez* les détails des deux rampes à la hauteur du palier d'arrivée, pl. 29.)

La coupe du plancher de la galerie est prise sur la ligne A, B, et celle des portes et du plafond sur la ligne d'axe C–D.

PLANCHE 24.

ESCALIERS COMPOSÉS DE TROIS RAMPES.

Fig. 1re. La disposition du plan de cet escalier, dont on ne voit ici que l'un des côtés, serait répétée en parallèle de l'autre, et conviendrait pour les établissements publics ou particuliers. On monte d'abord par une seule rampe *a* jusqu'au premier palier *b*, et en retour de droite et de gauche deux autres paliers *c*, *d*, forment la base de deux autres rampes qui conduisent l'une et l'autre au premier étage *e*, *f*, d'où il reprend dans les mêmes dispositions pour monter à l'étage suivant. *Fig.* 2. La première rampe *g* pourrait être construite en pierre, comme en bois, telle que nous la présentons. Elle aurait 2 mètres 24 centimètres de largeur, et les deux autres en retour chacune 1 mètre 28 centimètres. L'emmarchement serait établi sur limon, et les marches seraient pleines au moins jusqu'au premier étage. Les limons pourraient être d'une seule pièce de bois jusqu'aux quartiers-tournants, auxquels ils seraient réunis au moyen de boulons ou par des plates-bandes en fer. La partie du plafond du vestibule *h* serait cintrée en plate-bande, ou formée d'un simple plancher, comme il est indiqué à l'étage supérieur *i*. Pour les détails de construction, voyez les *pl.* 1re, 2e et 3e. Cet escalier serait éclairé du haut, ou sur le fond ou sur les côtés, suivant son emplacement dans le bâtiment.

Fig. 3. Le plan de cet escalier est en opposition, pour son emmarchement, avec celui de la figure précédente. Il présente deux rampes à sa base *a*, *b*, qui se réunissent à une seule *c*, pour arriver au premier étage *d*. Il est dans la forme d'un fer à cheval ; le plan de sa cage se prête à cette disposition. Il pourrait être construit tout en pierre, au moins dans ses deux rampes de côté, et celle du milieu l'être en bois. *Fig.* 4. On conçoit que cet escalier qui n'est indiqué ici que comme ne devant arriver qu'au premier étage, pourrait cependant, au besoin, être continué pour monter à d'autres étages en suivant toujours le même système de décoration que nous présentons à telle hauteur qu'on voulût l'élever.

PLANCHE 25.

ESCALIER CARRÉ A DOUBLES RAMPES.

Fig. 1re. Cet escalier est isolé de sa cage par une galerie *a*. Des colonnettes servent d'appui aux crémaillères extérieures, et celles intérieures qui portent la tête des marches, forment des quartiers tournants à leurs angles, qui se soutiennent par leurs propres coupes, et sont en outre consolidées en dessous par des plates-bandes de fer. *Fig.* 2. Cet escalier, dont la coupe est prise sur la ligne A, B, est d'une exécution facile. Les crémaillères entre les colonnes sont droites ; leur rapport du plan avec l'élévation est indiqué par lettres. Si on l'exécutait tel que le dessin le présente, se composant de deux rampes opposées, ils auraient chacun deux paliers de repos c, et le troisième à la trentième marche g, serait celui d'arrivée à la galerie sur laquelle seraient ouvertes les portes des appartements. Si, en rejetant ce premier plan, on voulait, conservant toujours les deux rampes opposées, arriver en face du point de départ, on pourrait disposer l'emmarchement de manière à trouver 24 marches du point 1 au point 20 ; alors il n'y aurait point de palier intermédiaire ou de repos c, jusqu'au palier d'arrivée. Dans ce dernier cas, on arriverait à 3 mètres 84 centimètres de hauteur du sol, ce qui donnerait 3 mètres 52 centimètres sous plancher, et suivant le plan tracé l'on arriverait à 4 mètres 80 centimètres de hauteur, ce qui donnerait 4 mètres 48 centimètres sous plancher ; et l'échappé sous le deuxième palier serait de 2 mètres 56 centimètres, hauteur de la porte d'entrée. Dans les deux cas, les paliers seraient soutenus, ou feraient partie des solives formant le plancher de la galerie. Comme par les planches 2, 7, et par d'autres parties circulaires, nous avons donné le développement de leur contour, nous y renvoyons. Mais ce qui fait la différence des marches sur limons, ou sur crémaillères, c'est que les premières sont encastrées dans les limons, et qu'aux autres les limons sont taillés en crémaillères pour rendre apparentes les marches qui, épousant la forme elliptique du quart de cercle chacune à leur différente hauteur, présentent à celle de la saillie de leur moulure de couronnement une sorte d'angle aigu qu'il faut raccorder avec beaucoup de soin et de précision.

PLANCHE 26.

ESCALIER POUR UN ÉDIFICE PUBLIC, PRÉCÉDÉ D'UN VESTIBULE.

Fig. 1re. Cet escalier, pour un édifice public, ou pour un palais, en augmentant sa dimension en profondeur pour obtenir un plus grand nombre de marches et donner plus de hauteur au rez-de-chaussée, n'est présenté ici que sous le rapport de son ensemble, qui peut être conservé si l'édifice dans lequel on l'établirait n'était pas un lieu public, mais seulement un hôtel ou petit palais. L'escalier porte 31 marches ; l'emmarchement a 1 mètre 92 centimètres de largeur dès sa base, comme pour ses retours. Celui du bas présente deux excédants, ou sorte de gradins de chaque côté, portant la hauteur de deux marches, pour y déposer des caisses ou des pots garnis de fleurs. Le vestibule, orné de colonnes supportant un plancher dont le plafond, disposé en soffites figurés et transversaux présentent la forme de grands caissons. L'intérieur de la cage serait orné de niches pour recevoir des figures, et le vestibule du premier étage serait en rapport de richesse avec celui du rez-de-chaussée. Cet escalier serait construit en pierre, et les marches seraient soutenues par des murs ou des portions d'arcs-boutants suffisant pour la solidité. La coupe de chaque marche, en forme de clavaux, est la même que pour celle en bois ; seulement elle exige plus de recouvrement, et sa coupe perpendiculaire à la pente un peu plus d'épaisseur.

Fig. 2. Coupe sur la profondeur de l'escalier, et un arrachement de celle du vestibule.

Fig. 3. Moitié du vestibule, où l'on voit entre l'encolonnement du milieu de la base de l'escalier jusqu'au premier palier.

L'idée de barreaux de la rampe d'appui que nous présentons seraient fixés, comme pour les escaliers sur crémaillères ou à l'anglaise, en dehors de chaque marche. Mais autrement, pour un édifice public, il conviendrait mieux que la rampe fut construite en pierre, ce qui prendrait sur l'emmarchement et réduirait sa largeur ainsi qu'on va le voir plus bas.

Fig. 4. Moitié du plan du premier étage et de l'arrivée des deux rampes de l'escalier à cet étage. Le plan, de ce côté, se rapporte à la vue perspective que présente le frontispice (1) ; là, comme nous l'avons remarqué plus haut, les rampes seraient en pierre, elles seraient même répétées de chaque côté, contre les murs pour la régularité du plan. La largeur de l'emmarchement, de 1 mètre 92 centimètres pour le premier plan, serait réduite à 1 mètre 44 centimètres pour celui-ci.

PLANCHE 27.

ESCALIER CIRCULAIRE ET A DEUX RAMPES OPPOSÉES.

Fig. 1re. Cet escalier a deux révolutions qui conduisent à deux paliers opposés au point de départ, et auxquels on arrive par 26 marches, ce qui donne 3 mètres 84 centimètres de hauteur sous plancher. La cage a 6 mètres 40 centimètres de diamètre, l'emmarchement a 1 mètre 28 centimètres, et les poteaux sur lesquels sa rampe est appuyée ont 22 centimètres carrés. Sa forme, quoique dans un goût différent, dérive par ses supports des anciens escaliers, et ne présente aucune difficulté pour son exécution. Le menuisier, le charpentier, avec la moindre expérience, peuvent venir à bout de le construire. La tête des marches est portée par des parties de crémaillères qui s'ajustent dans les poteaux. Leur queue est scellée dans le mur ou soutenue par une fausse crémaillère appliquée contre le même mur.

Fig. 2. Elévation de l'escalier. Elle est présentée, la moitié du mur d'enceinte qui le renferme en étant extrait, pour laisser voir le profil des marches sur le mur, ainsi que l'un des paliers d'arrivée.

Fig. 3. Elle montre le pilastre ou poteau, le profil de la corniche intérieure, le bandeau qui entoure le mur d'enceinte, l'attache de la crémaillère au poteau, et donne une idée du chapiteau qui le termine.

Fig. 4. Coupe du palier, prise sur la ligne *a, b*, au-dessus du point de départ à la base de l'escalier, pour monter à l'étage suivant.

Fig. 5. Profil de la crémaillère d'un poteau à l'autre sur la ligne *c, d*.

Fig. 6. Vue du palier, prise sur la ligne *e, f*, que nous avons transposée, faute de place, sur la ligne même.

Pour les autres détails de construction, voir les planches qui se rapportent à la forme de cet escalier.

PLANCHE 28.

ESCALIER A DOUBLE LIMON ISOLÉ.

Fig. 1re. Cet escalier, dans une base carrée, et dont les angles présentent quatre colonnes, a de chaque côté une galerie qui dégage aux appartemens. Le diamètre extérieur du limon circulaire, qui est pris sur la ligne d'axe des colonnes, a 4 mètres 61 centimètres. Les deux limons ont 14 centimètres chacun, l'emmarchement 1 mètre 28 centimètres, et le diamètre intérieur du limon 1 mètre 73 centimètres. Dans l'axe de l'escalier est un piédestal pour recevoir une figure. La base de l'escalier présente un limon droit jusqu'à la neuvième marche, ensuite il prend la forme circulaire jusqu'au premier étage, où l'on arrive par

---

(1) Cette vue perspective est faite par la méthode enseignée dans la troisième partie de notre *Parallèle de diverses méthodes du dessin de la perspective.*

30 marches sur un palier de plein pied a à la galerie b, au-dessus du rez-de-chaussée, et du même palier on reprend l'escalier pour monter à l'étage supérieur, dont le nombre des marches se modifie en raison de la hauteur qu'on veut lui donner. Les paliers seraient soutenus par des solives traversant la galerie c, dont la même pièce de bois d serait coupée de longueur pour cet effet. Ces parties serviraient d'appui aux limons, et leurs différentes coupes, bien ajustées, seraient encore consolidées avec des plates-bandes de fer, ou par des boulons encastrés dans les joints de leur assemblage.

Fig. 2. Coupe prise sur la ligne A-B. On voit la base de l'escalier, le plafond de son retour sur lui-même, son arrivée à la galerie supérieure, et la reprise de la seconde rampe pour monter à l'étage au-dessus. La coupe du plancher de la galerie et des solives, le plafond au-dessous, dont la forme des compartiments qui le décore est indiquée sur le plan, la partie opposée montrant le cours des solives, et la pièce de bois d'une colonne à l'autre, laquelle, pareillement répétée de chaque côté, forme le soffite du carré qui enferme l'escalier. L'espace entre les deux grilles indique la largeur de l'ouverture du palier sur la galerie.

Voyez pl. 29, *fig.* 2, et pl. 10.

PLANCHE 29.

DÉTAILS POUR LES PLANCHES 23 ET 28.

Figure 1re. Coupe du palier d'arrivée de la pl. 23, pris au devant des colonnes, où l'on voit la pièce de bois a, servant de marche palière, les solives qui portent le palier b, et la forme de la crémaillère pour l'échappée sous la dixième marche.

Fig. 2. Le même palier pris sur la face intérieure du cercle, à l'extrémité de son rayon ; la marche palière c, et les solives d, d, prolongées pour son soutien, servant en même temps de support aux crémaillères ; la corniche e de son pourtour et son profil f. Ces détails sont doublés sur l'échelle du plan.

Fig. 3. Développement du demi-cintre partie intérieure du limon de la planche 28, recevant le collet des marches. Nous avons réuni les deux coupes pour ne former qu'un seul ensemble.

Fig. 4. Autre développement du limon recevant la queue des marches ; les mêmes coupes sont indiquées sur le plan de l'escalier. L'échelle est au double du plan. C'est sur une perpendiculaire A à la ligne B C que vous relevez l'épure ou l'étalon de votre courbe, ainsi que nous l'avons indiqué dans plusieurs planches précédentes.

Fig 5. Plan de la base du même escalier, sa volute d'échiffre et ses deux marches compagnes.

Fig. 6. Son élévation, le parpaing et son patin d'échiffre. L'échelle de ces deux détails est une fois et demi celle du plan. (*Voy.* planche 10, dont dérive cet ensemble pour les parties curvilignes.)

Fig. 7. Autre volute d'échiffre plus évasée et ses deux marches compagnes. Nous avons indiqué par des chiffres les rapports aux points des divers centres pour obtenir les courbes qui forment son contour. Je ne donne cette figure que comme une intention pour le dessin, la position des escaliers présentant trop de variété pour s'assujettir aux mêmes données.

Fig. 8. Profil de l'entablement a régnant au pourtour intérieur de la cage, jusqu'à son interruption par le palier sur lequel il vient s'arrêter ; b, celui de la corniche du plafond de la galerie ; c, solive portée par la pièce de bois d, transversale d'une colonne à l'autre.

PLANCHE 30.

ESCALIER A DOUBLES RAMPES DANS UNE CAGE DE FORME OCTOGONE.

Fig. 1ʳᵉ. Le plan de cet escalier de forme octogone est du même diamètre que celui de la planche 27. L'emmarchement est de 1 mètre 28 centimètres, et les colonnes ont de 19 à 20 centimètres de diamètre. *Fig.* 2. Au lieu de crémaillères, comme au premier, pour supporter les marches d'un pilastre à l'autre, ce sont, pour celui-ci, des parties de limons qui se joignent aux colonnes de la même manière. J'ai cru devoir présenter cette sorte de construction, qui d'ailleurs ne manque pas d'une certaine élégance, pour la facilité de son exécution. Dans la province, où les ouvriers sont moins habiles, par le manque d'occasion, pour exécuter quelques-uns des escaliers que nous avons déjà donnés, ils peuvent construire tous ceux que nous présentons dans cette addition. Les détails particuliers dont ils pourraient avoir besoin, ils les trouveront dans les vingt premières planches que nous avons mises au jour.

L'escalier, dans une maison de ville ou de campagne qui présente quelque apparence, sa place et sa mesure doivent y être en rapport. Un bel escalier donne une bonne idée du reste de la maison, et plusieurs de ceux que nous offrons comme d'une exécution facile peuvent être, sous plus d'un rapport, d'un aspect satisfaisant et peu dispendieux.

Fig. 3. Détails au double de l'une des colonnes *a*, de la corniche intérieure *b*, et du cordon *c*, qui règne au-dessus des mêmes colonnes et sur le mur d'enceinte dans la largeur de l'escalier.

Fig. 4. Construction des marches posées les unes sur les autres.

Nota. La forme de la cage de cet escalier ne présentant que des angles rentrants, il a fallu employer des colonnes pour supports aux limons. Les pilastres carrés comme ceux de l'escalier, pl. 27, s'y seraient mal ajustés, et des pilastres repliés suivant la forme du plan, eussent été de mauvais goût et désagréables à l'œil.

FIN.

Imp. Polytechnique de E. LACROIX, à Saint-Nicolas-de-Port (Meurthe).

N° 1. PERSPECTIVE D'UN GRAND ESCALIER

Voir Planche 1.

DES ESCALIERS
ADDITION A LA CHARPENTE ET A LA MENUISERIE
Figures de diverses sortes de constructions pour les marches d'escaliers.

Vignole des Ouvriers 4ᵉᵐᵉ Partie

Planche 1ʳᵉ

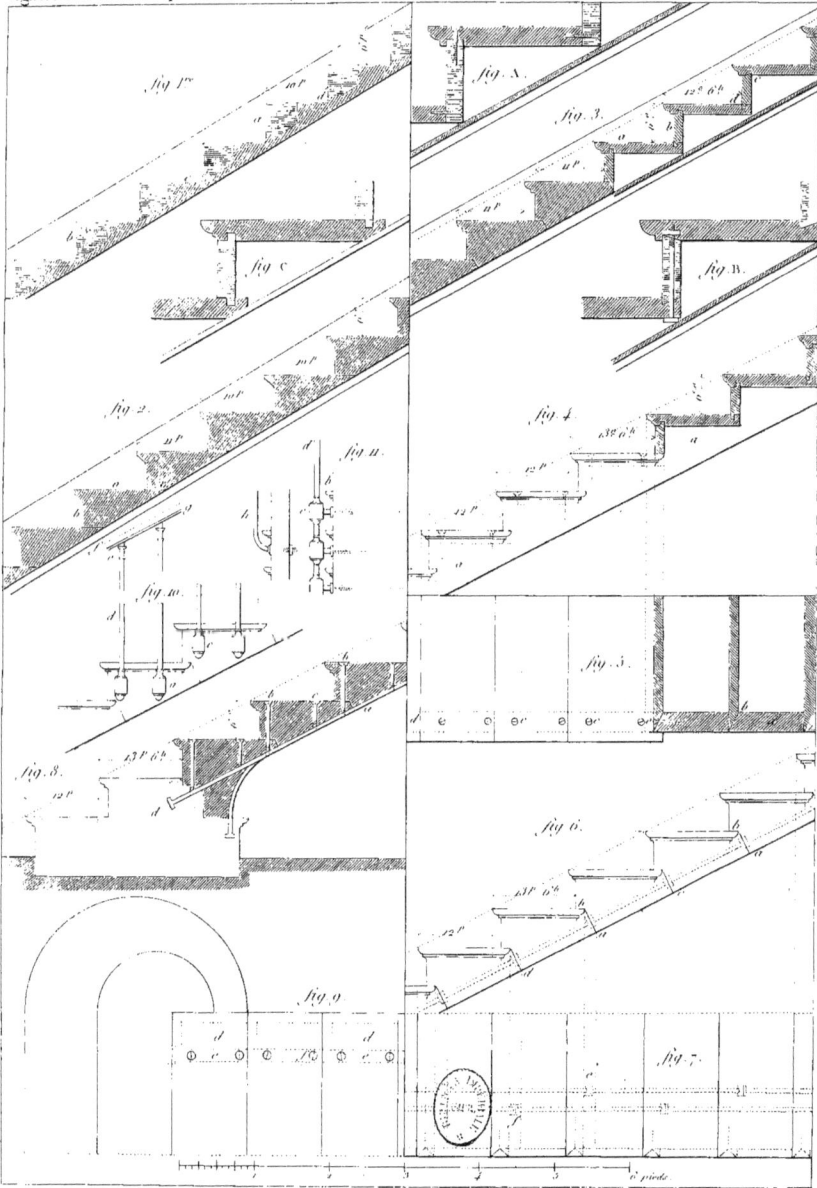

fig. 1ᵉ

fig. A.

fig. 3.

fig. C

fig. B.

fig. 2.

fig. 11.

fig. 4.

fig. 10.

fig. 5.

fig. 8.

fig. 6.

fig. 9.

fig. 7.

MARCHE PALIÈRE
et des limons qui s'y rattachent.
COURBE RAMPANTE D'UN LIMON SUR UN PLAN DEMI-CIRCULAIRE
recevant des colets de marches divisés également à son pourtour.

Planche 2

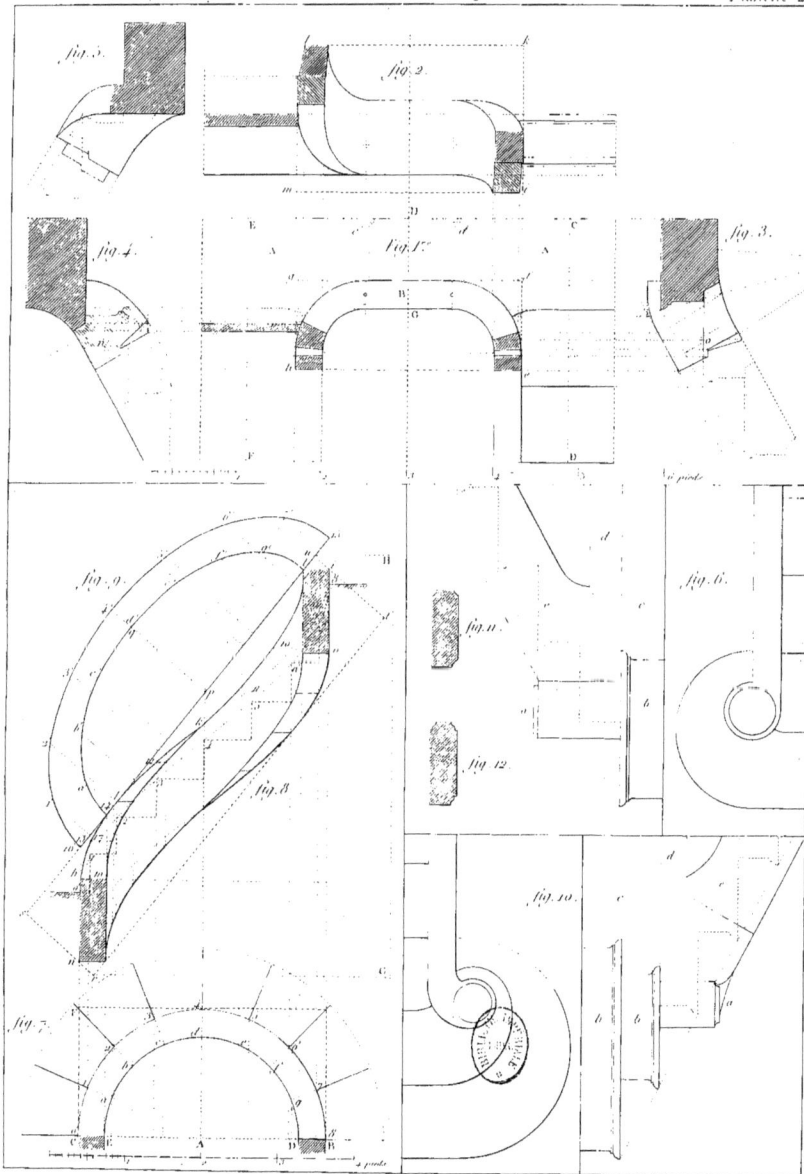

PLANS ÉLÉVATIONS ET COUPES
de deux différents escaliers.

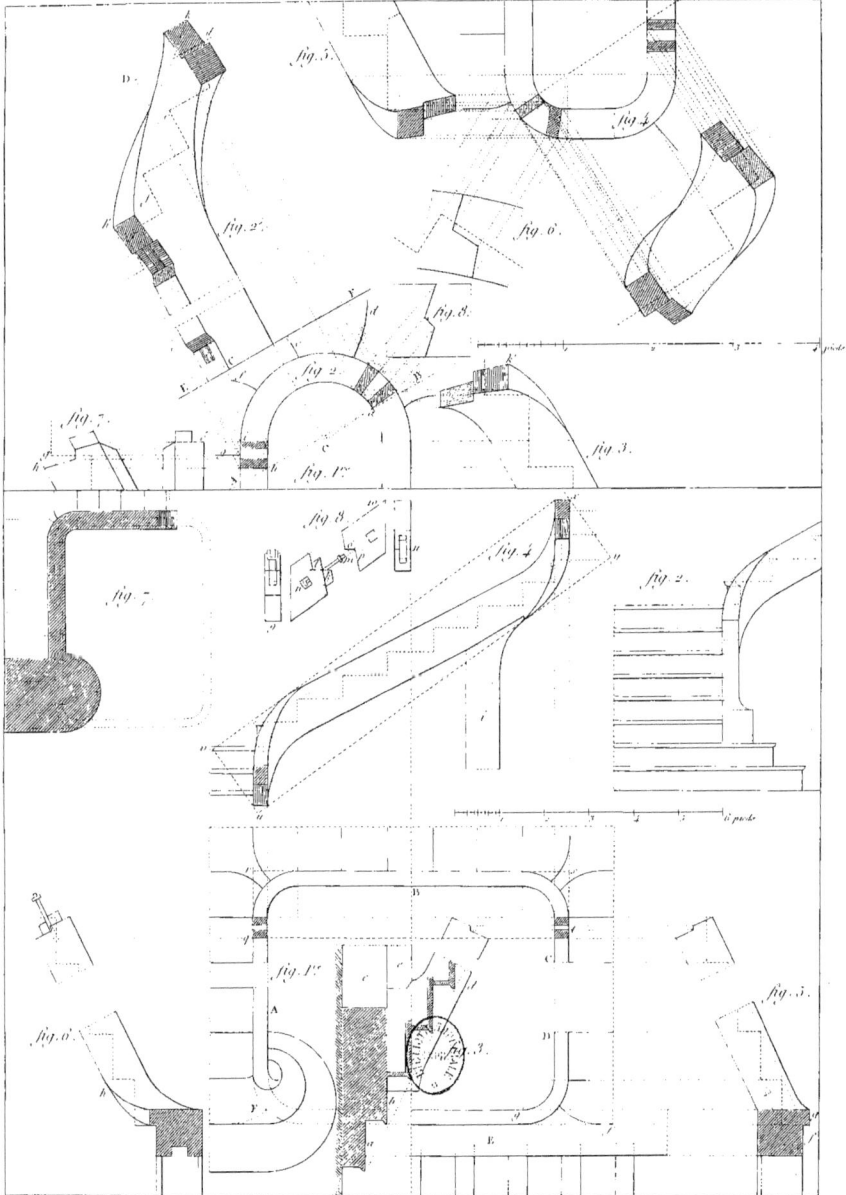

ESCALIERS CIRCULAIRES

à novau à jour.

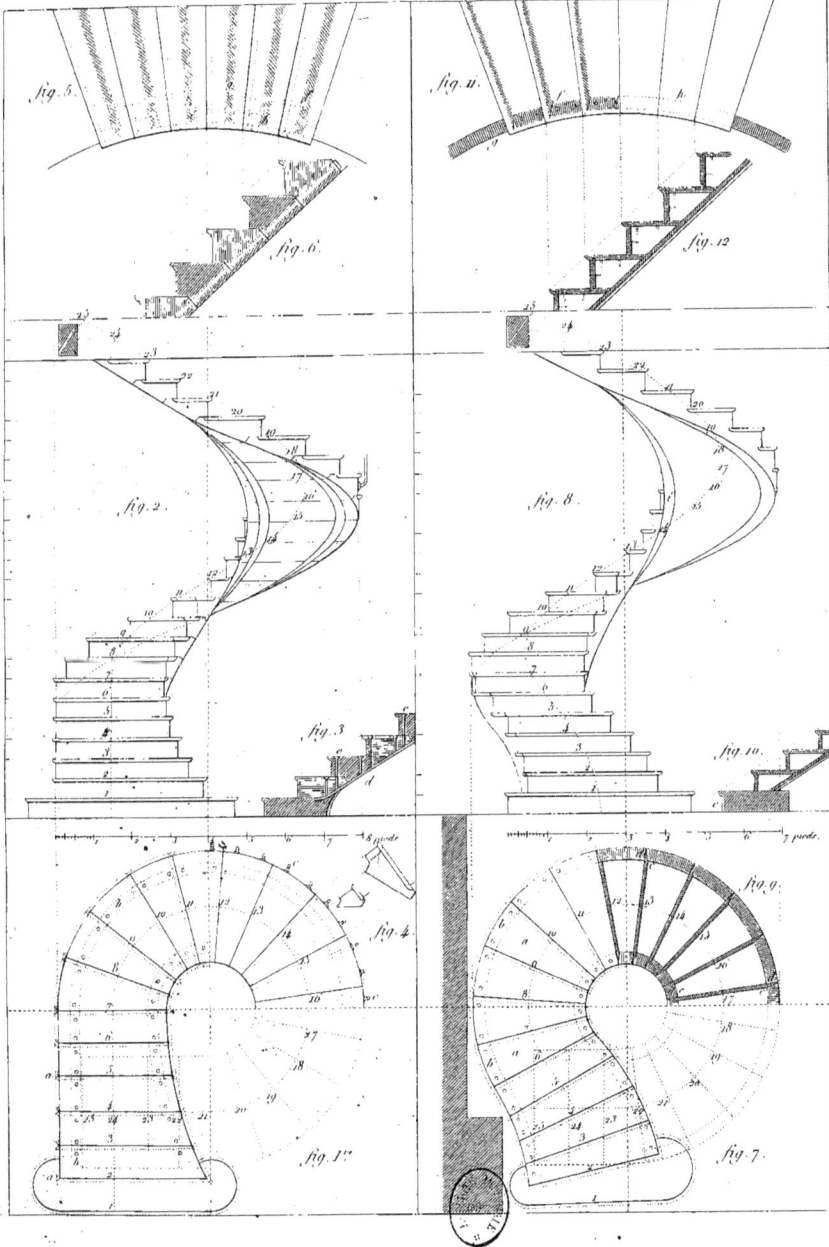

fig. 5.

fig. 11.

fig. 6.

fig. 12.

fig. 2.

fig. 8.

fig. 3.

fig. 10.

fig. 4.

fig. 9.

fig. 1.

fig. 7.

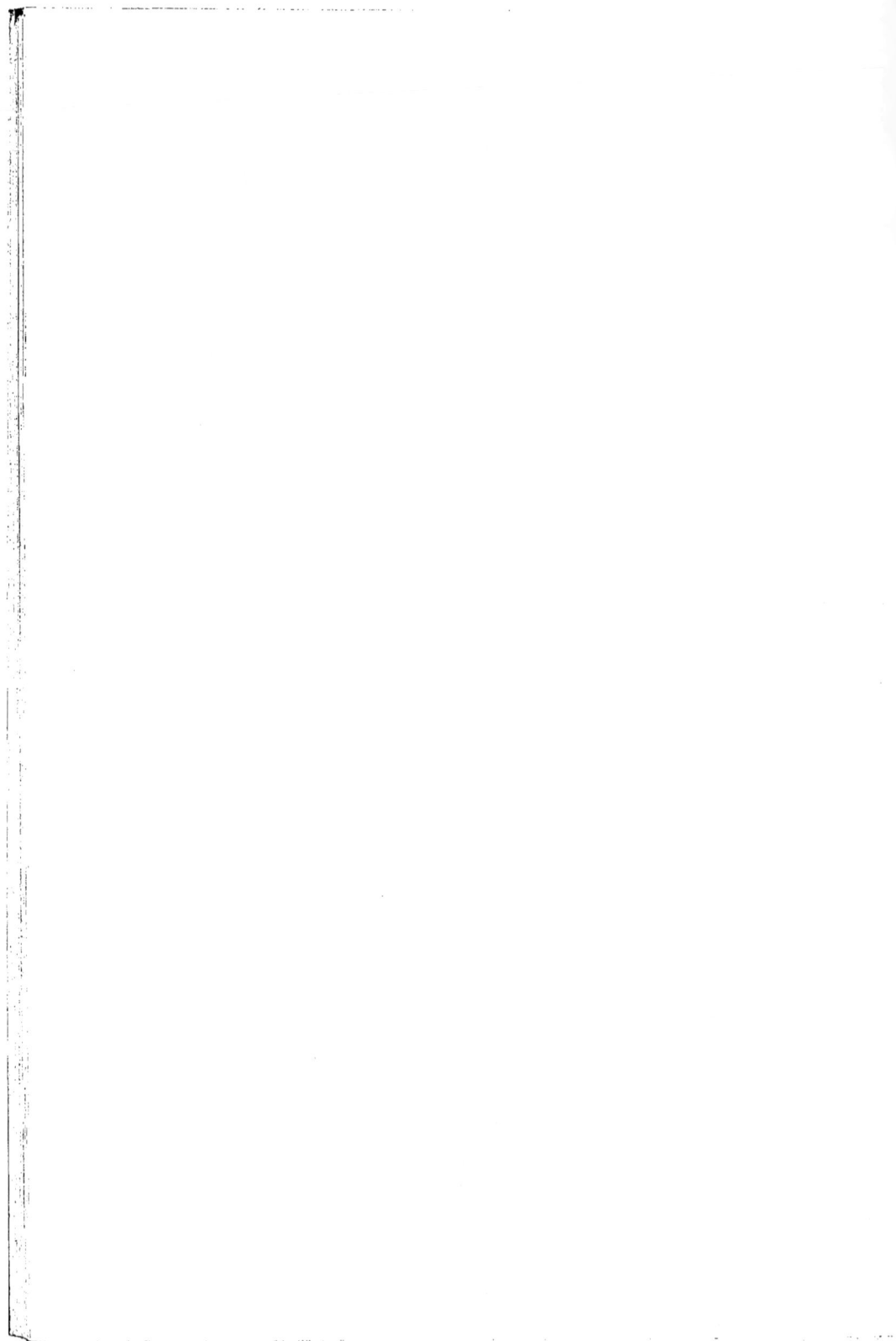

DEUX ESCALIERS

l'un formant un triangle isocèle et l'autre est circulaire à noyau.

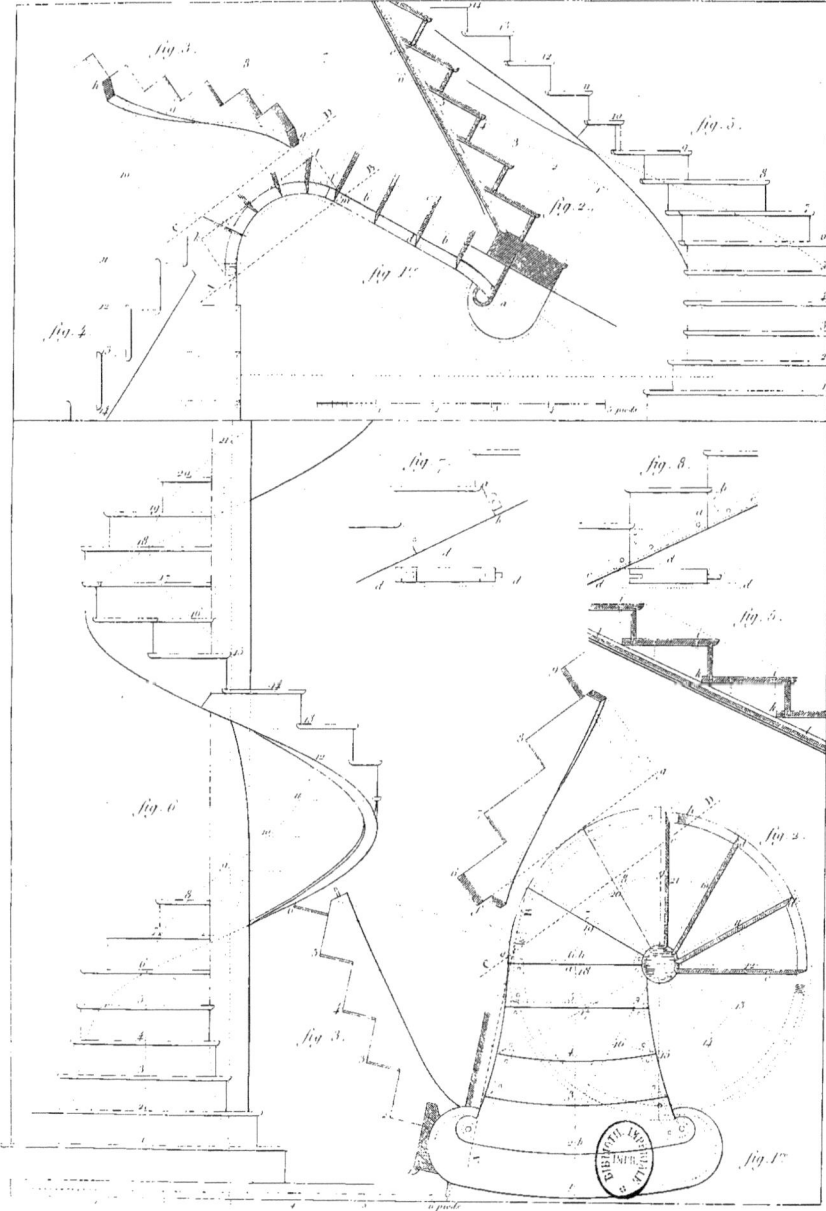

fig. 3.

fig. 5.

fig. 2.

fig. 1.

fig. 4.

fig. 7.

fig. 8.

fig. 5.

fig. 6.

fig. 2.

fig. 3.

fig. 1.

ESCALIER
construit dans une pièce circulaire.

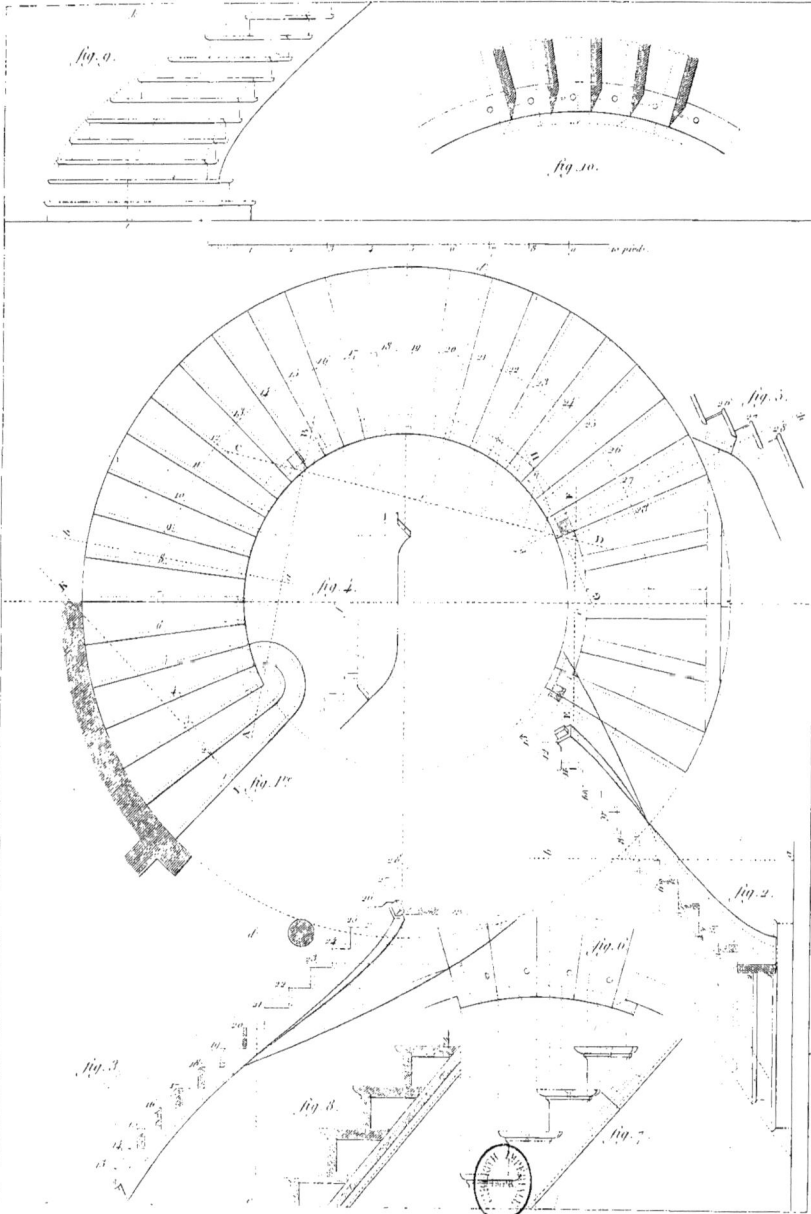

fig. 9.

fig. 10.

fig. 5.

fig. 4.

fig. 1.

fig. 2.

fig. 6.

fig. 3.

fig. 8.

fig. 7.

ESCALIER

pour une petite maison.

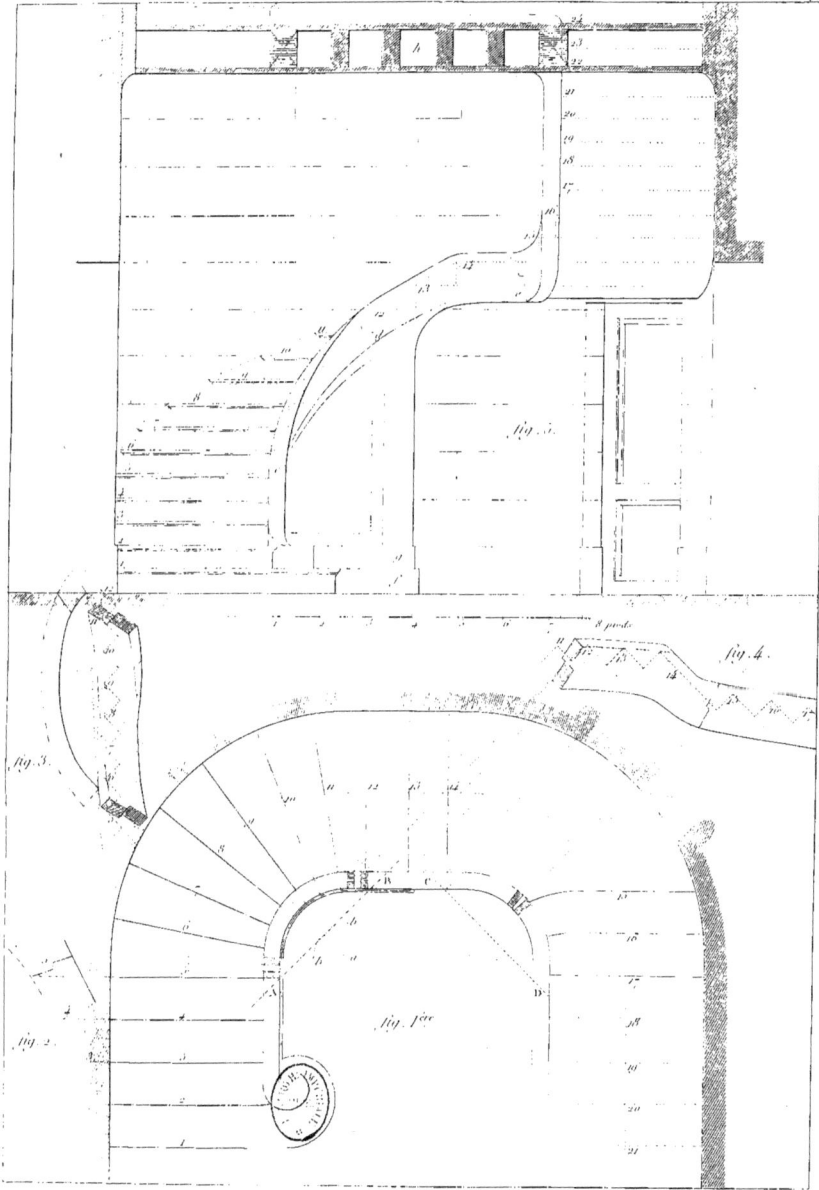

fig. 5.

fig. 4.

fig. 3.

fig. 1er

fig. 2.

ESCALIER CIRCULAIRE
avec un noyau à jour cylindrique.

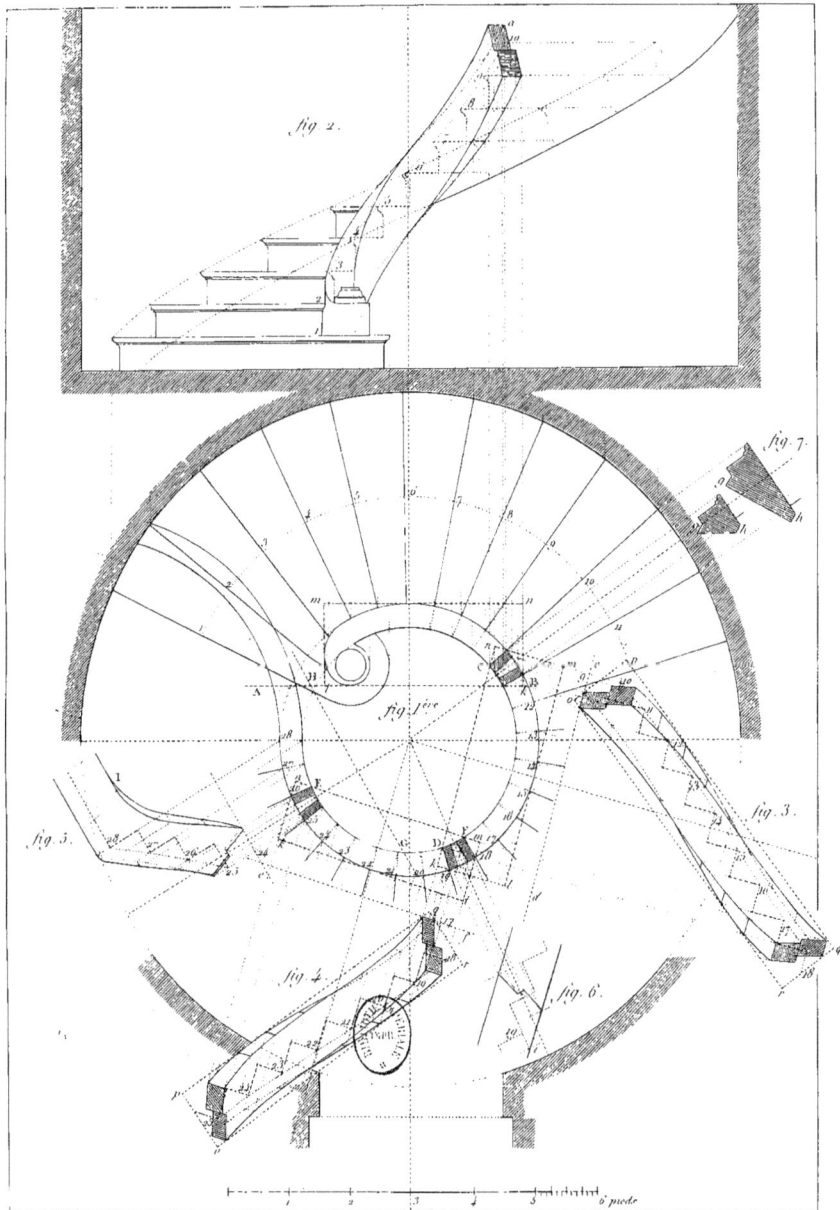

fig. 2.

fig. 7.

fig. 1ère

fig. 5.

fig. 3.

fig. 4.

fig. 6.

6 piede

ESCALIER DE FORME CARRÉ

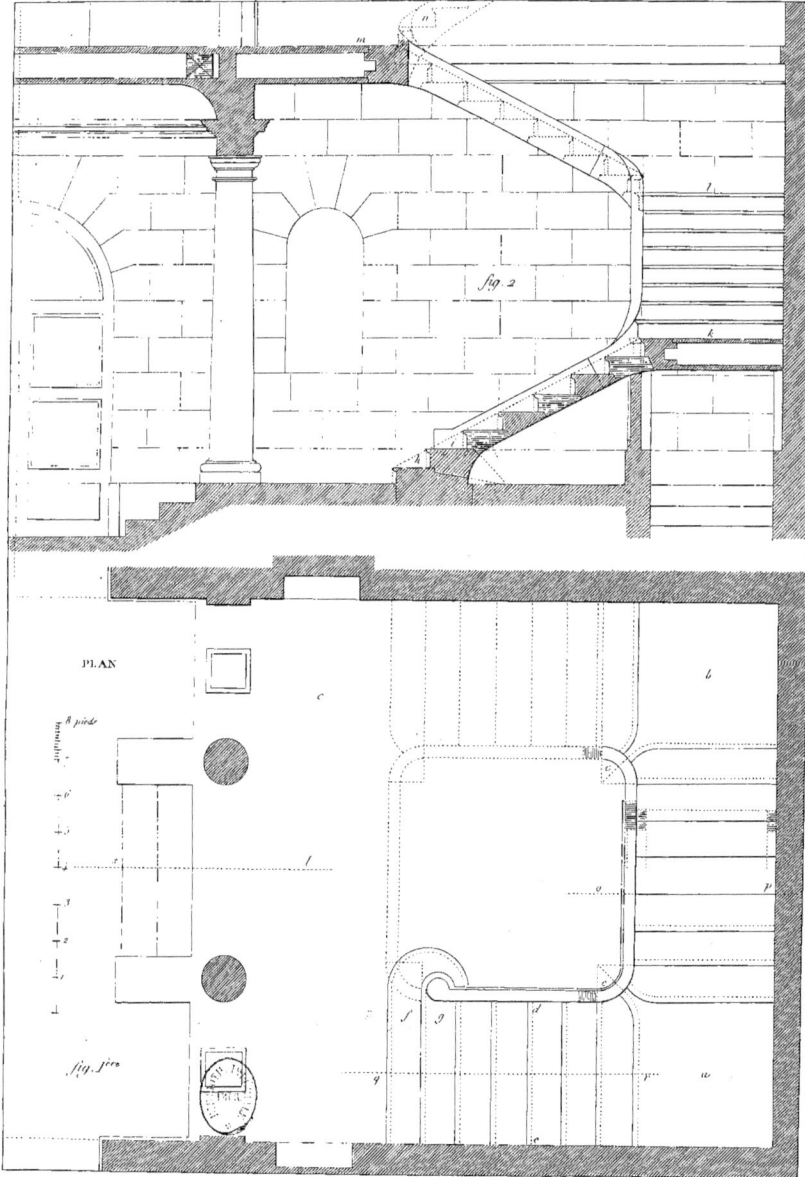

fig. 2

PLAN

fig. 1ère

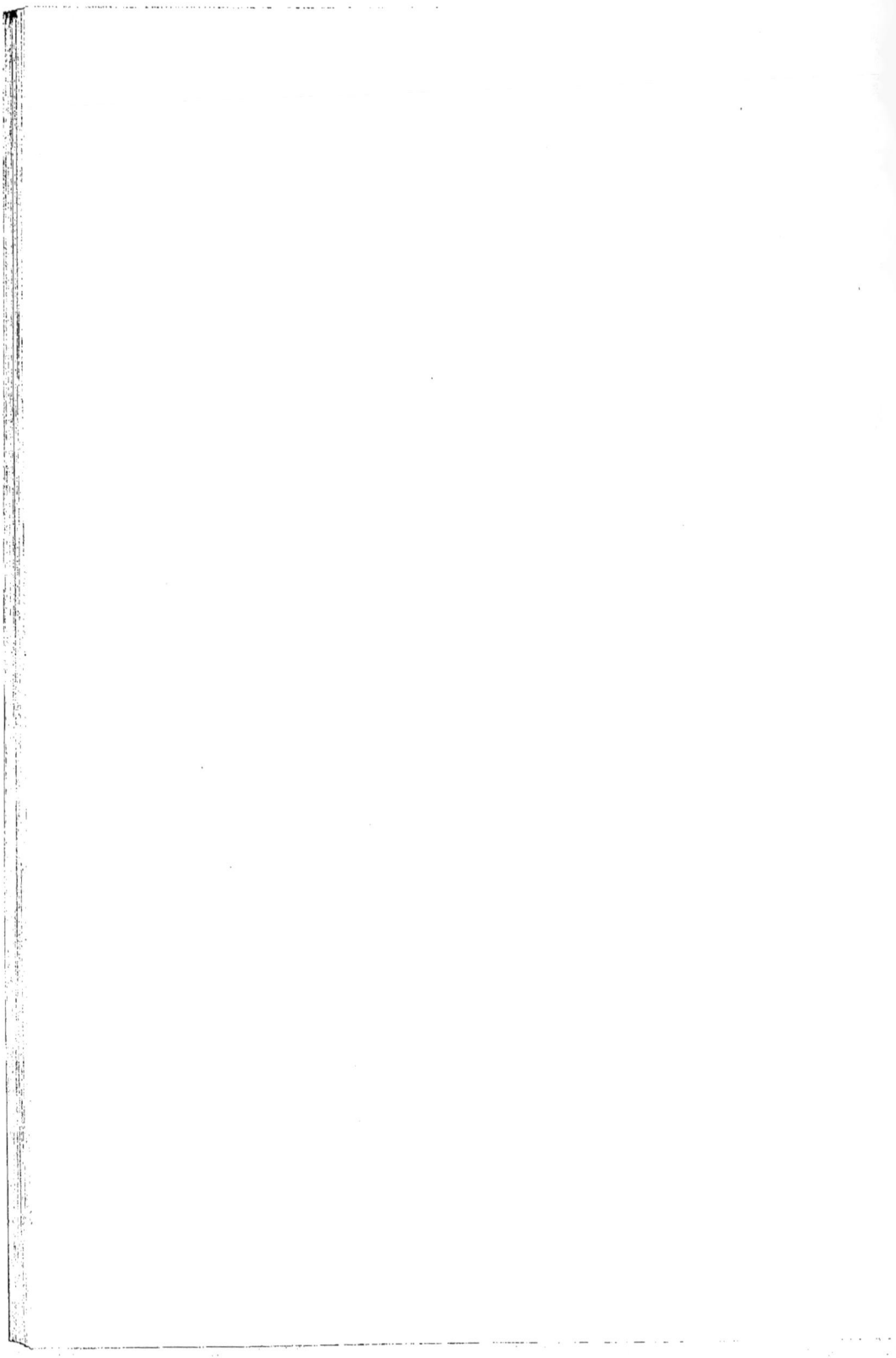

FRAGMENTS D'UN ESCALIER
entre deux limons courbes.

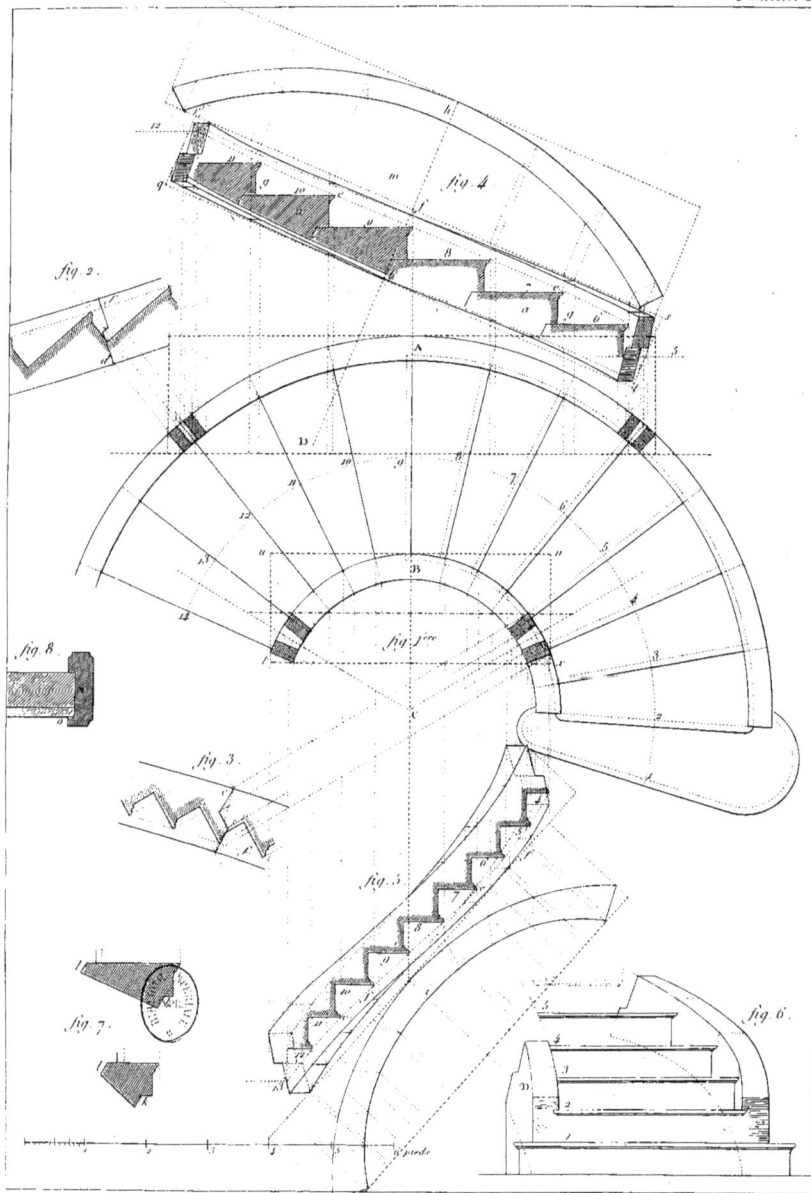

fig. 4.

fig. 2.

fig. 1re.

fig. 8.

fig. 3.

fig. 5.

fig. 7.

fig. 6.

ESCALIER DROIT

à double rampe en retour.

Planche 11.

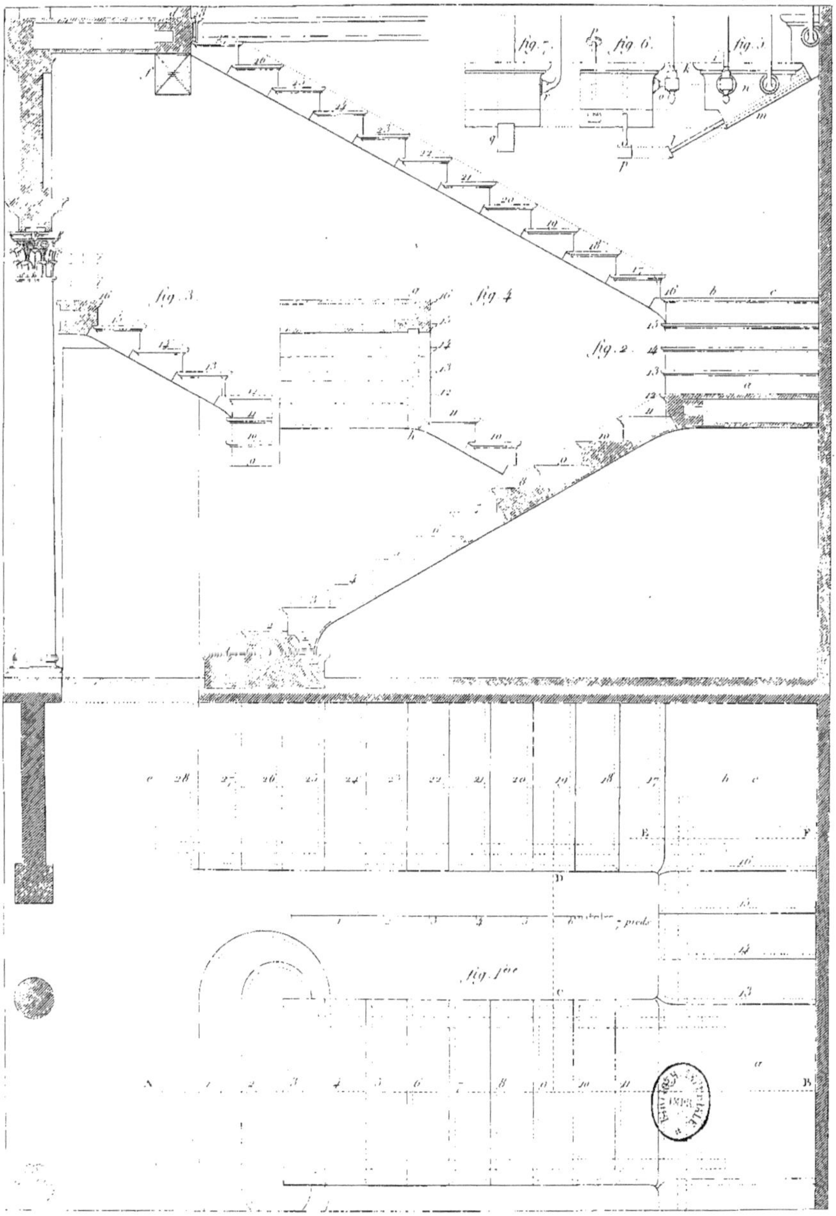
fig. 7.
fig. 6.
fig. 5.
fig. 3.
fig. 4.
fig. 2.
fig. 1ère
A
B
C
D
E
F

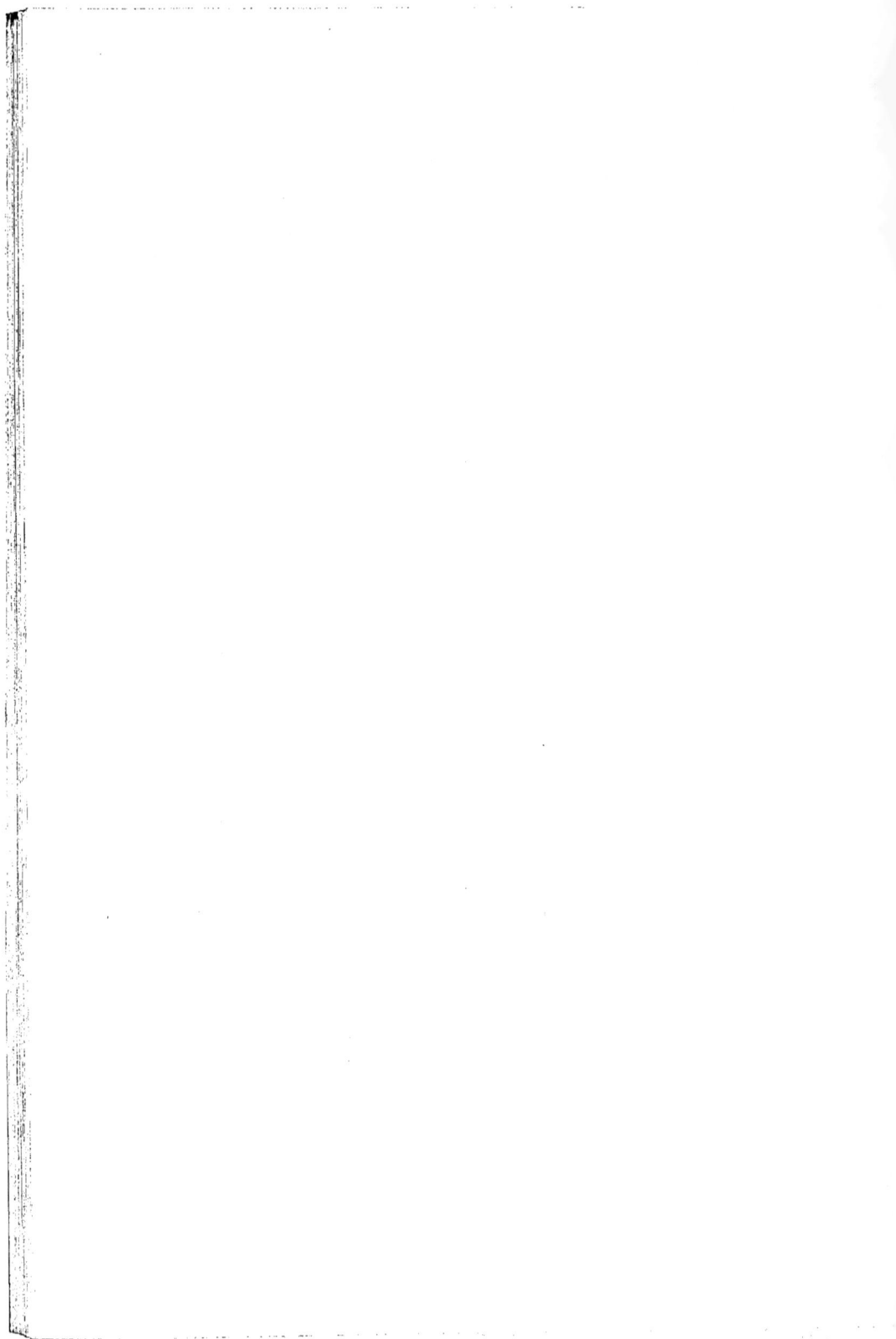

ESCALIER
construit dans une pièce triangulaire.

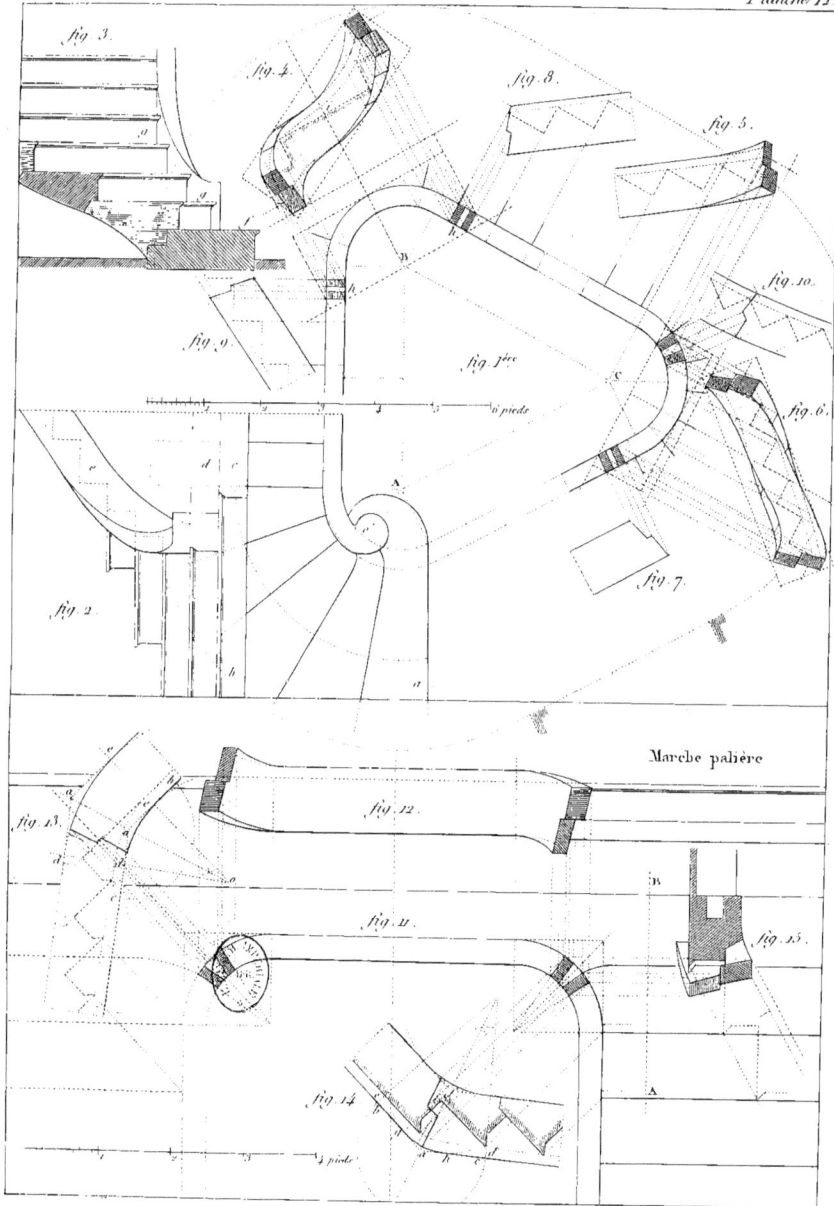

fig. 3.

fig. 4.

fig. 8.

fig. 5.

fig. 10.

fig. 9.

fig. 1ère

fig. 6.

fig. 7.

6 pieds

A

fig. 2.

b

a

Marche palière

fig. 13.

fig. 12.

B

fig. 11.

fig. 15.

fig. 14.

A

4 pieds

PLAN COUPE ET ÉLÉVATION

d'un escalier le limon cintré sur deux limons droits.

PLAN

fig. 1ère

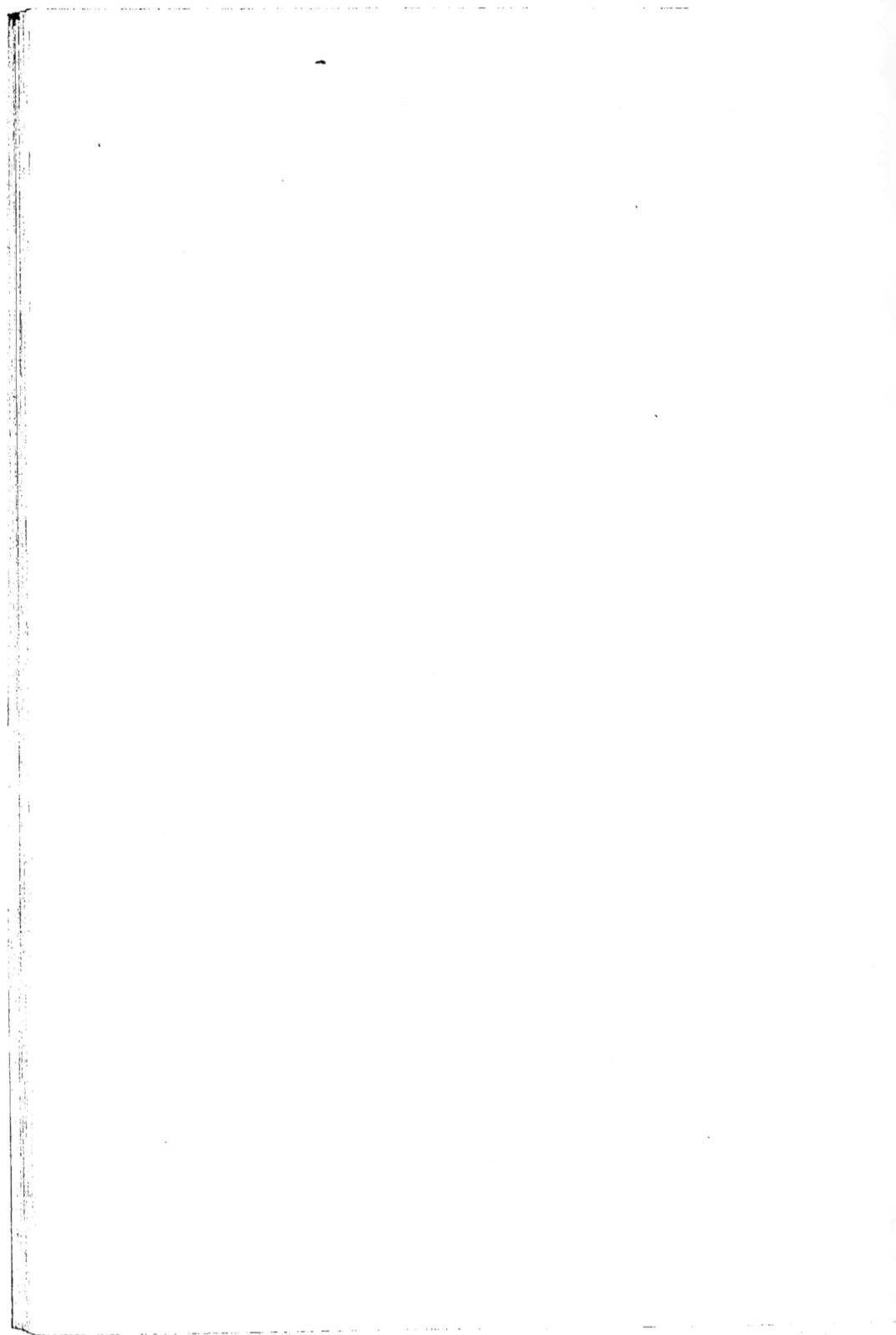

ESCALIER
dans un plan demi circulaire.

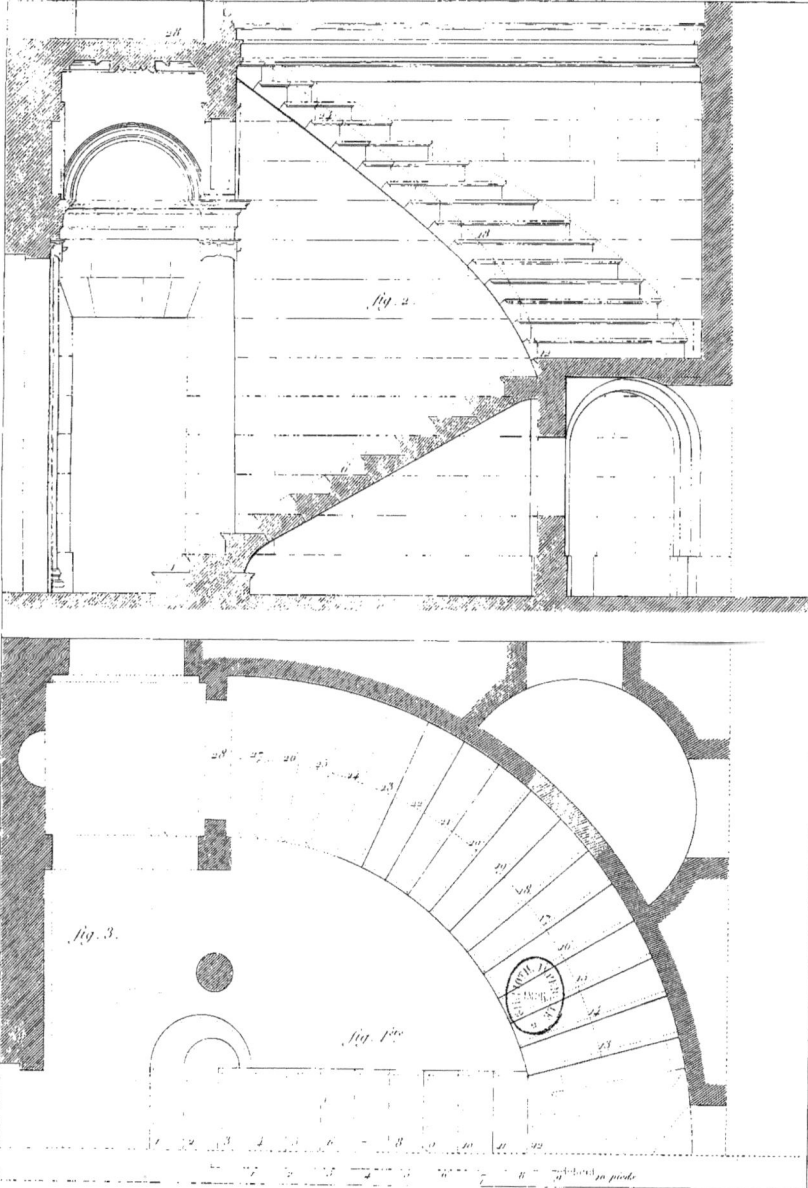

fig. 2.

fig. 3.

fig. 1.re

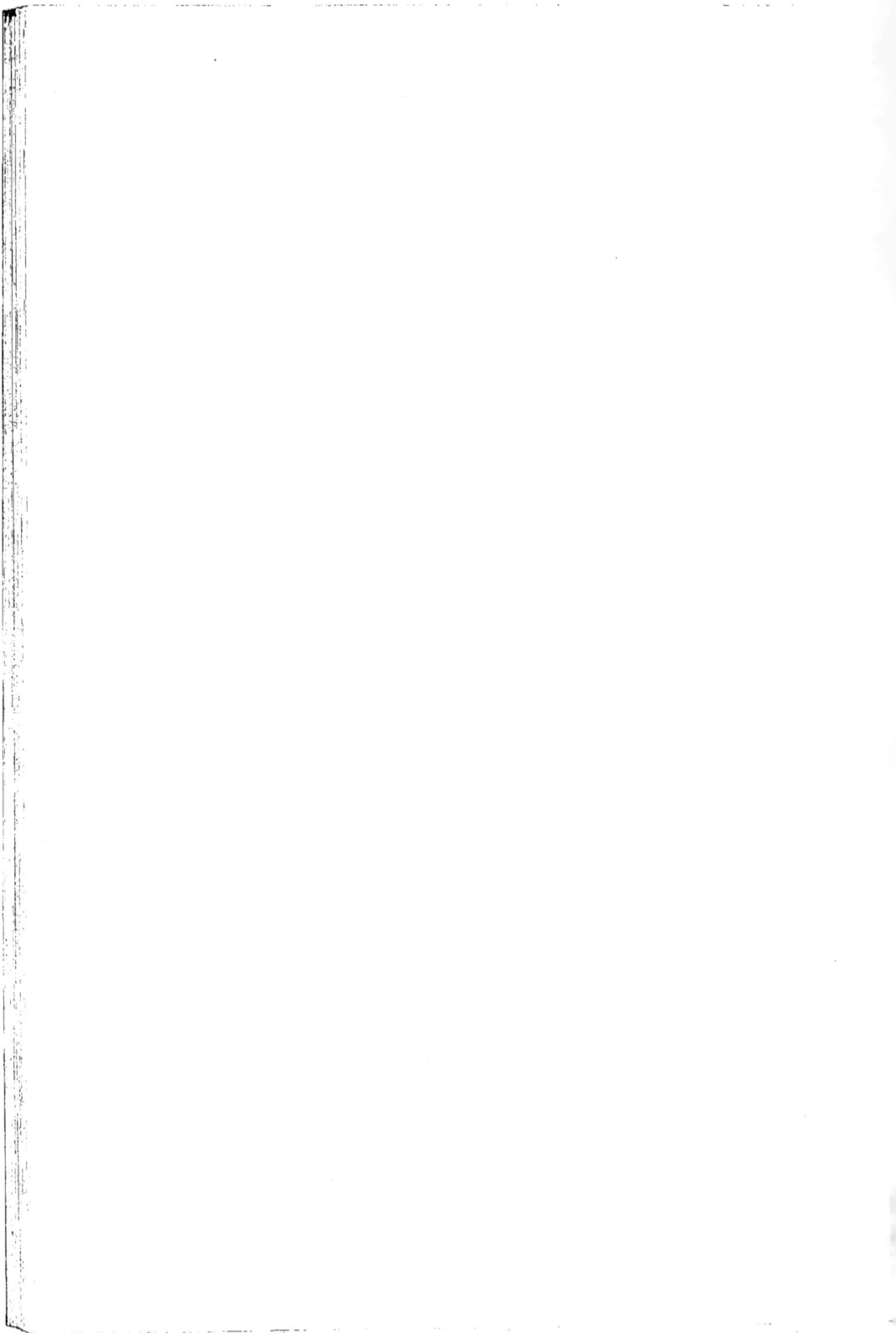

ESCALIER CIRCULAIRE A NOYAU A JOUR

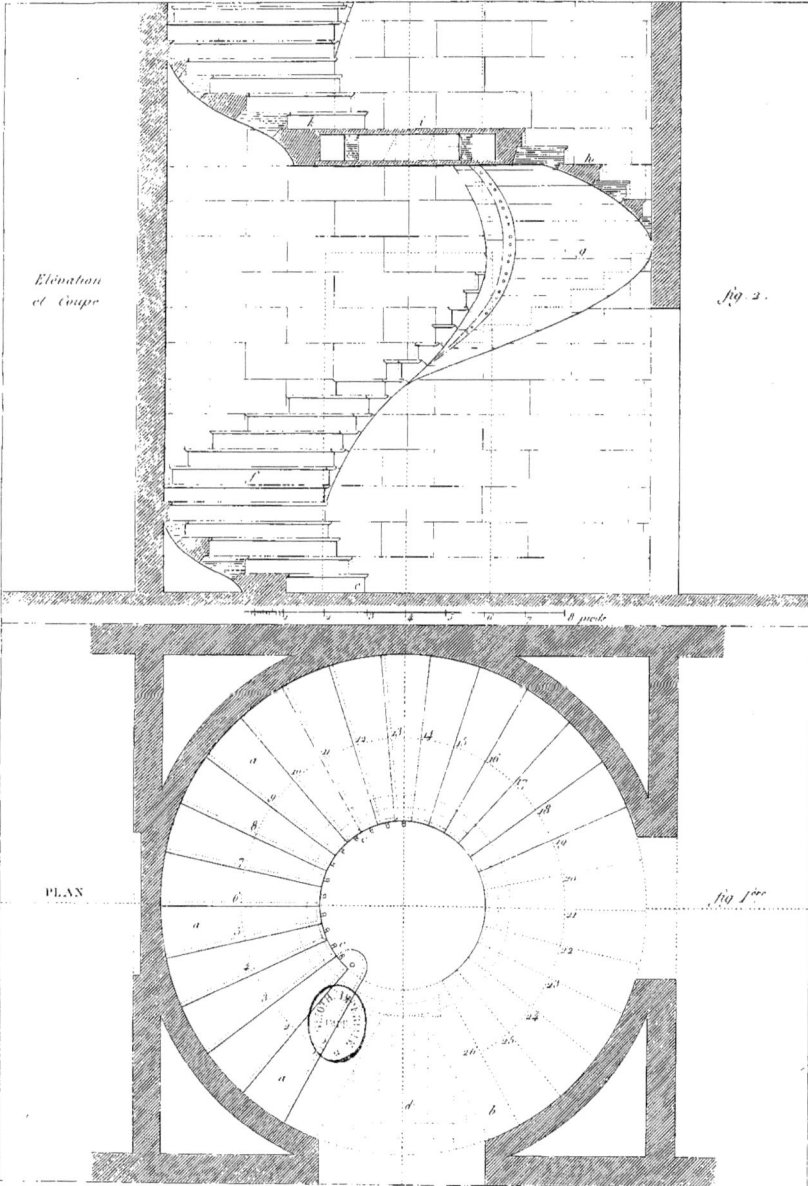

Elévation et Coupe

fig. 2.

PLAN

fig. 1.er

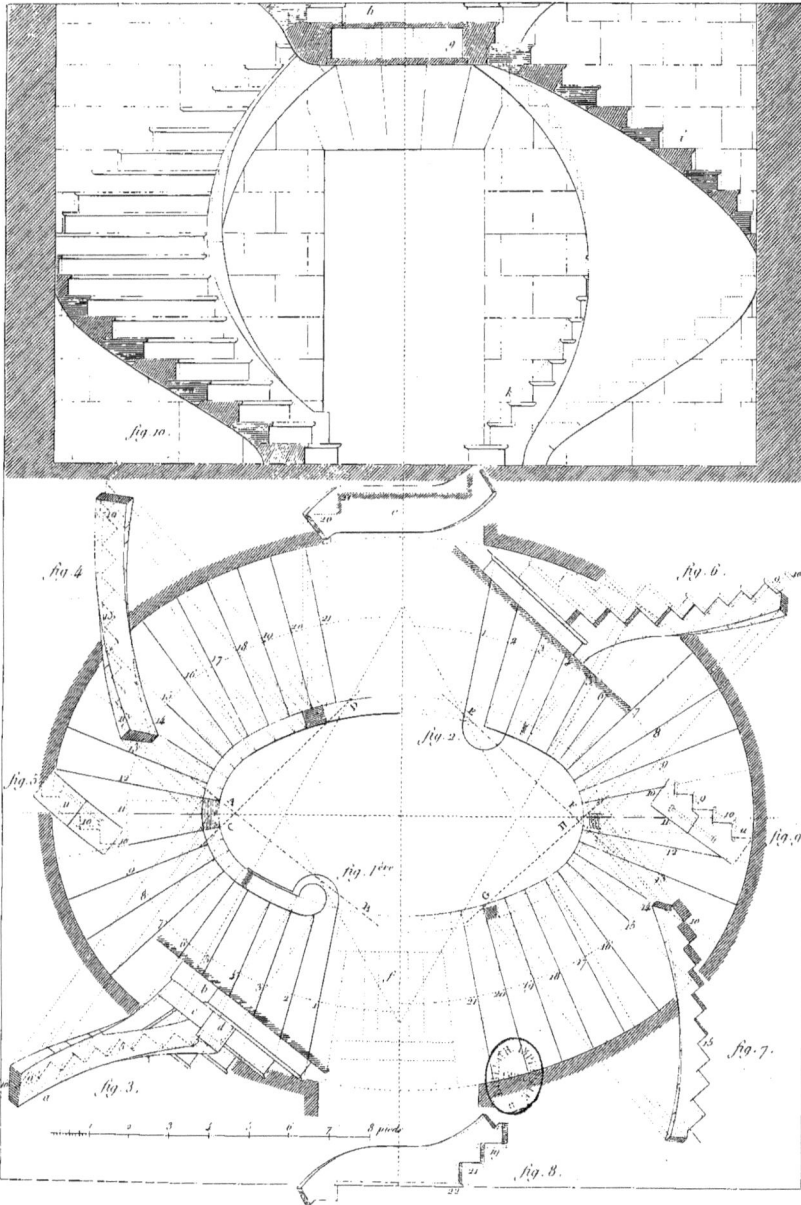

fig. 10.

fig. 4.

fig. 6.

fig. 5.

fig. 2.

fig. 9.

fig. 1ere.

fig. 3.

fig. 7.

fig. 8.

ESCALIER DROIT A DEUX RAMPES OPPOSÉES.

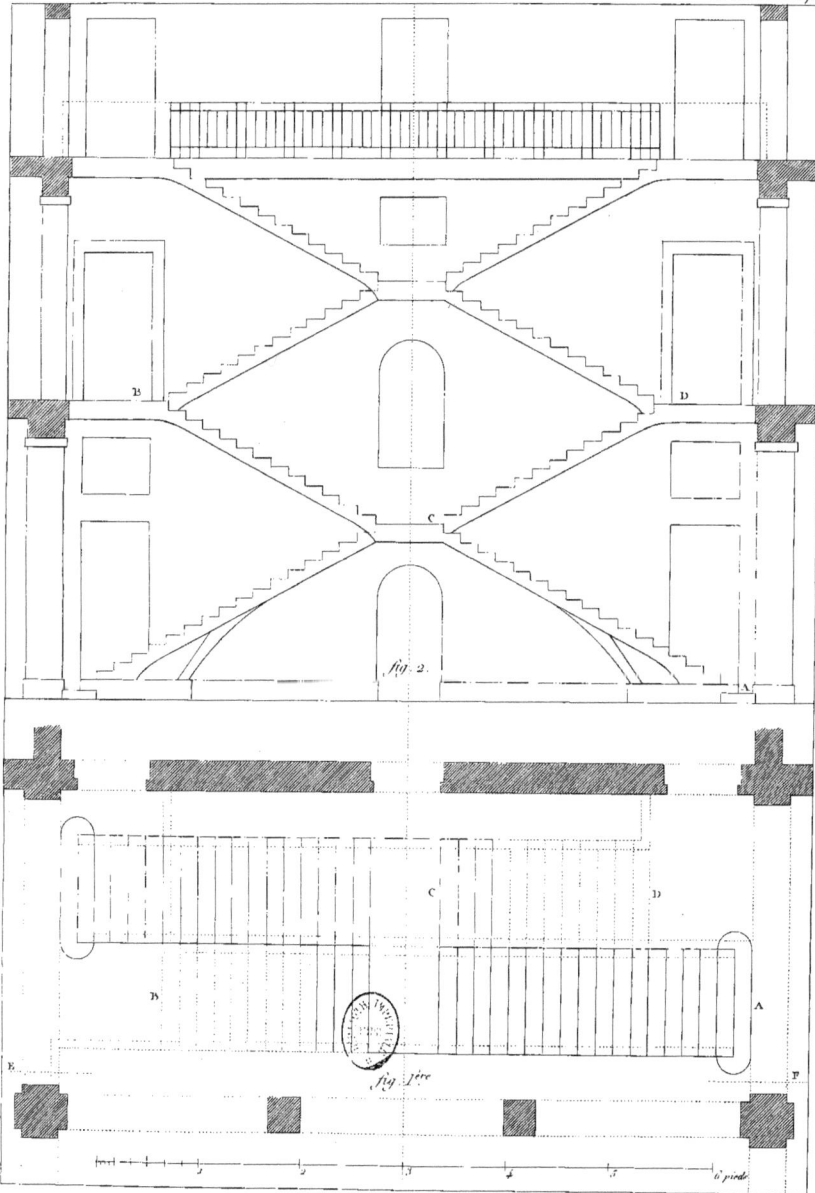

fig. 2.

fig. 1ère

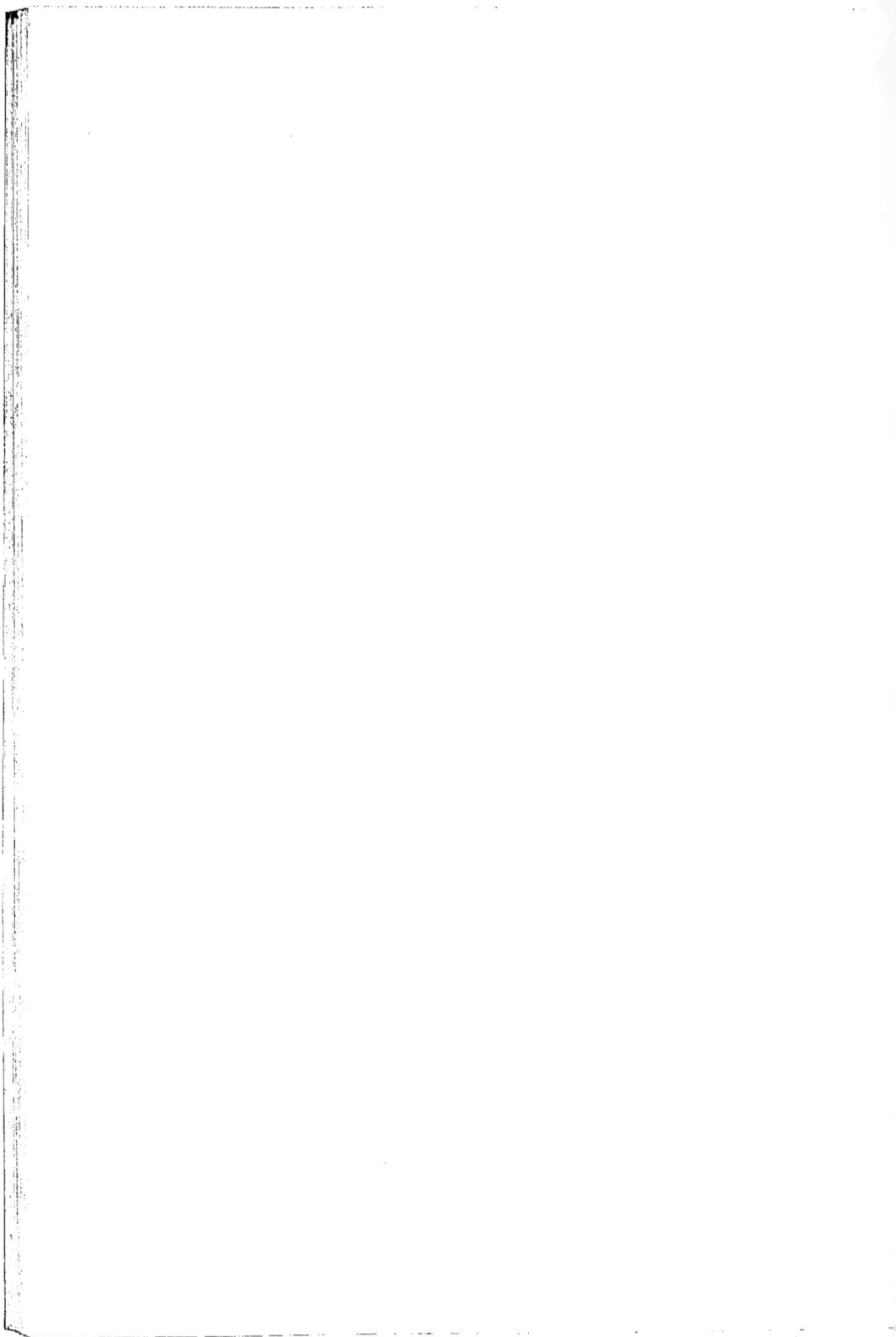

ESCALIER CIRCULAIRE
à deux rampes opposées.

fig 2.   *fig 3.*

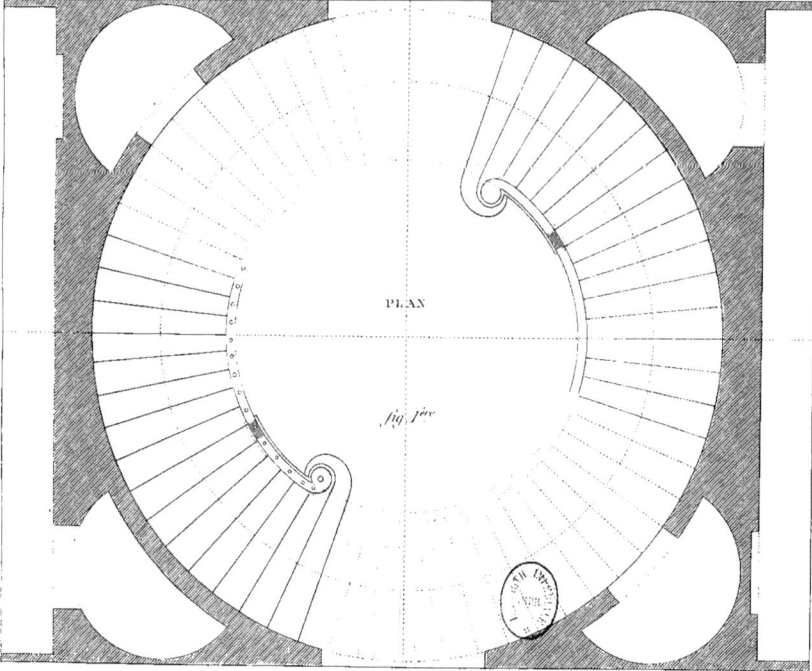

PLAN

fig. 1ère

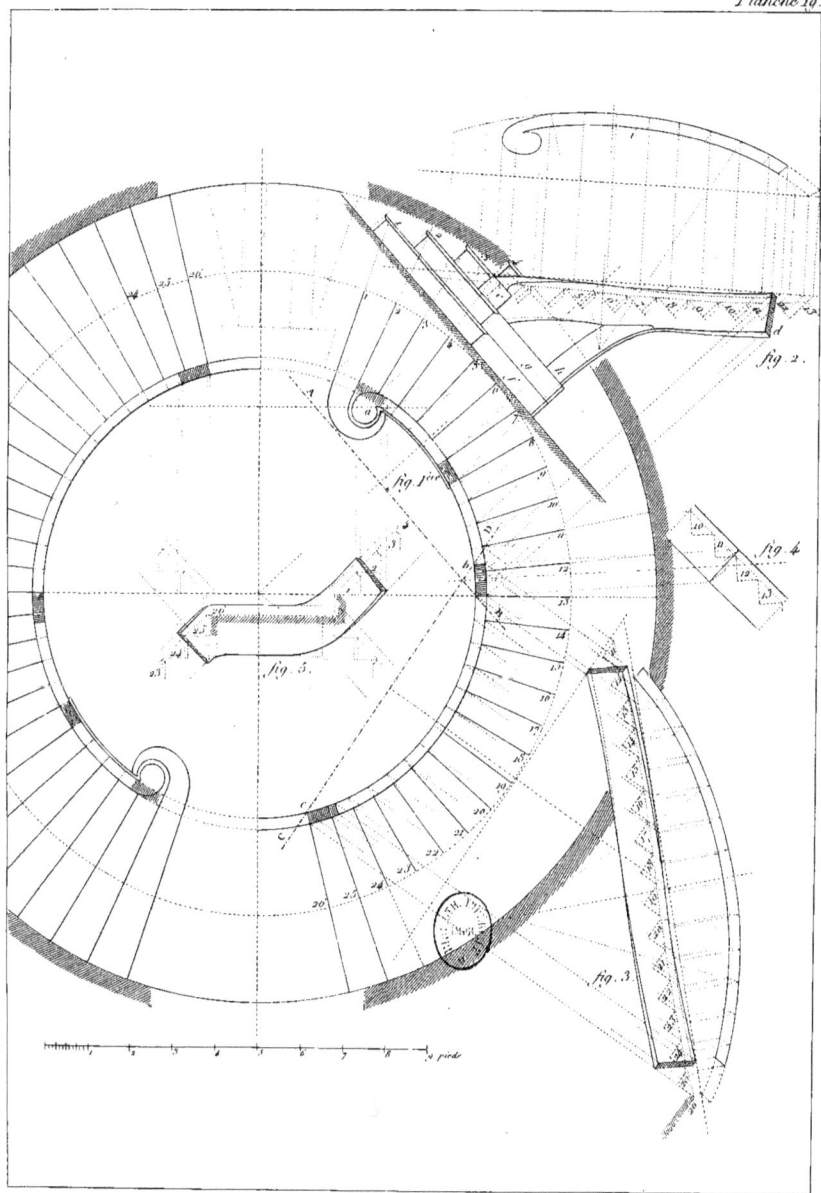

DÉTAILS

de l'escalier précédent

fig. 2.

fig. 4.

fig. 1er.

fig. 5.

fig. 3.

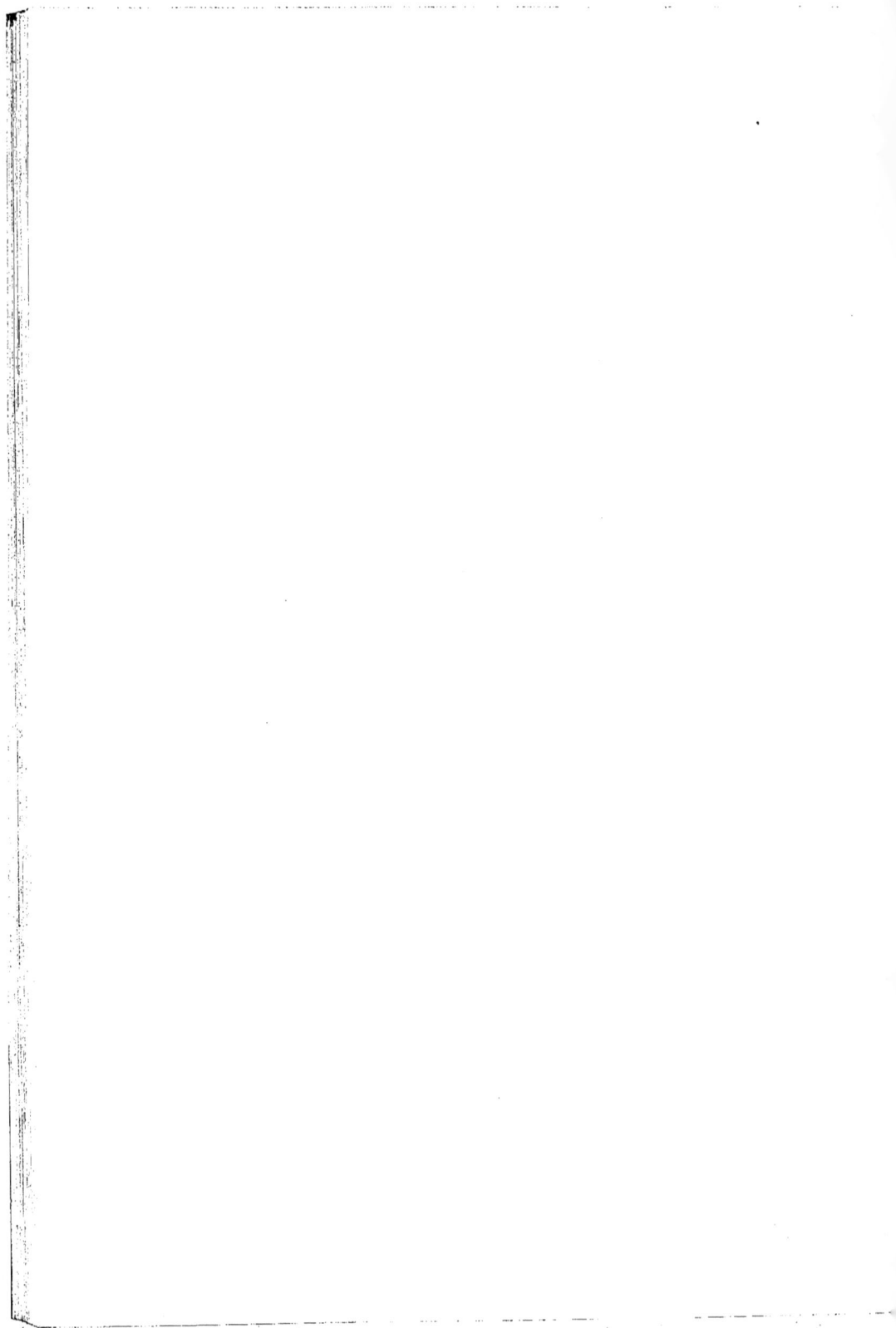

ESCALIER IMITÉ DE CELUI DE CHAMBOR

fig. 2.

PLAN

fig. 1ère.

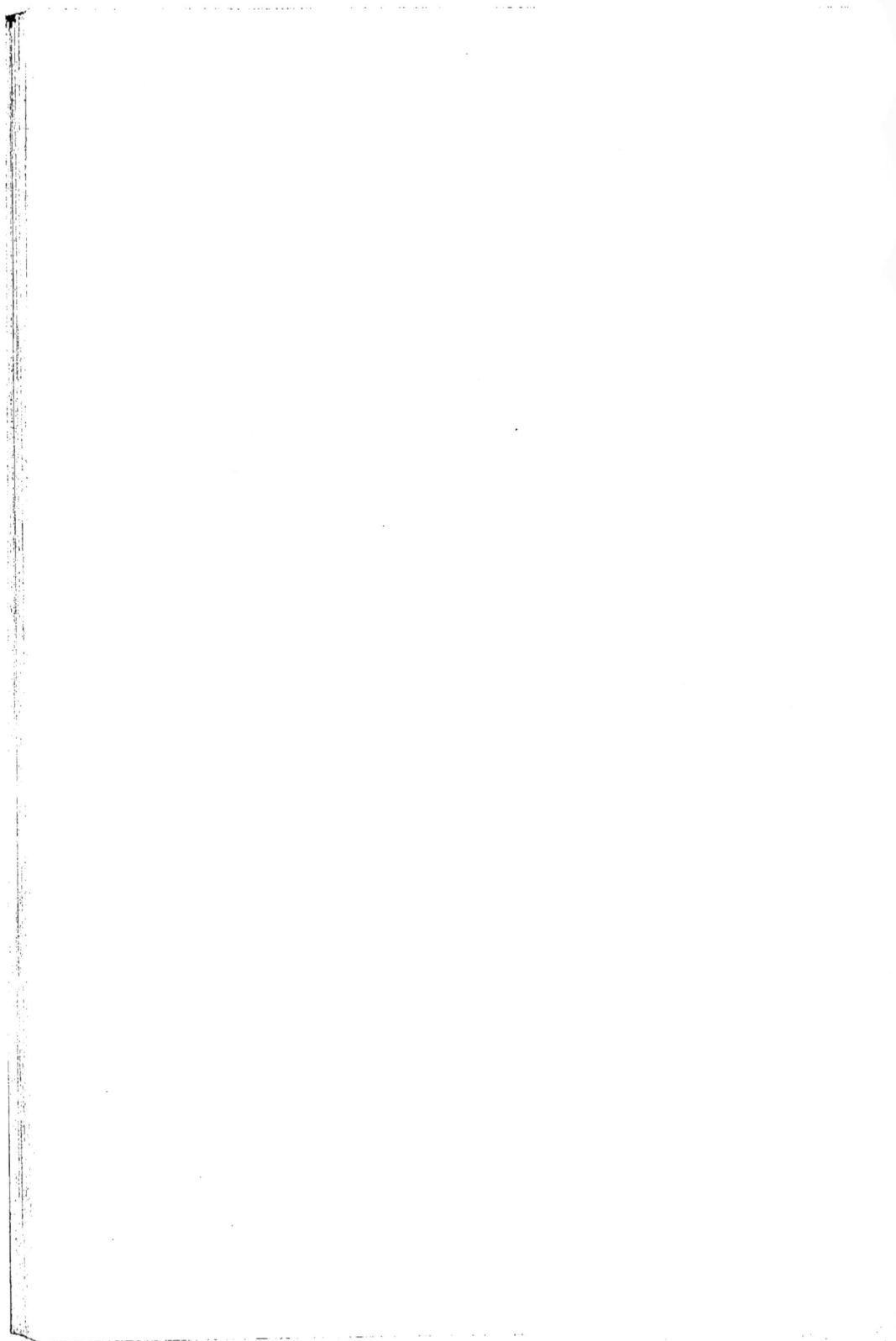

ESCALIERS

Le premier, à vis St Gille à noyau plein. Le second, de même à vis à noyau plein,
mais la queue des marches portées par un limon circulaire. *Planche 21.*

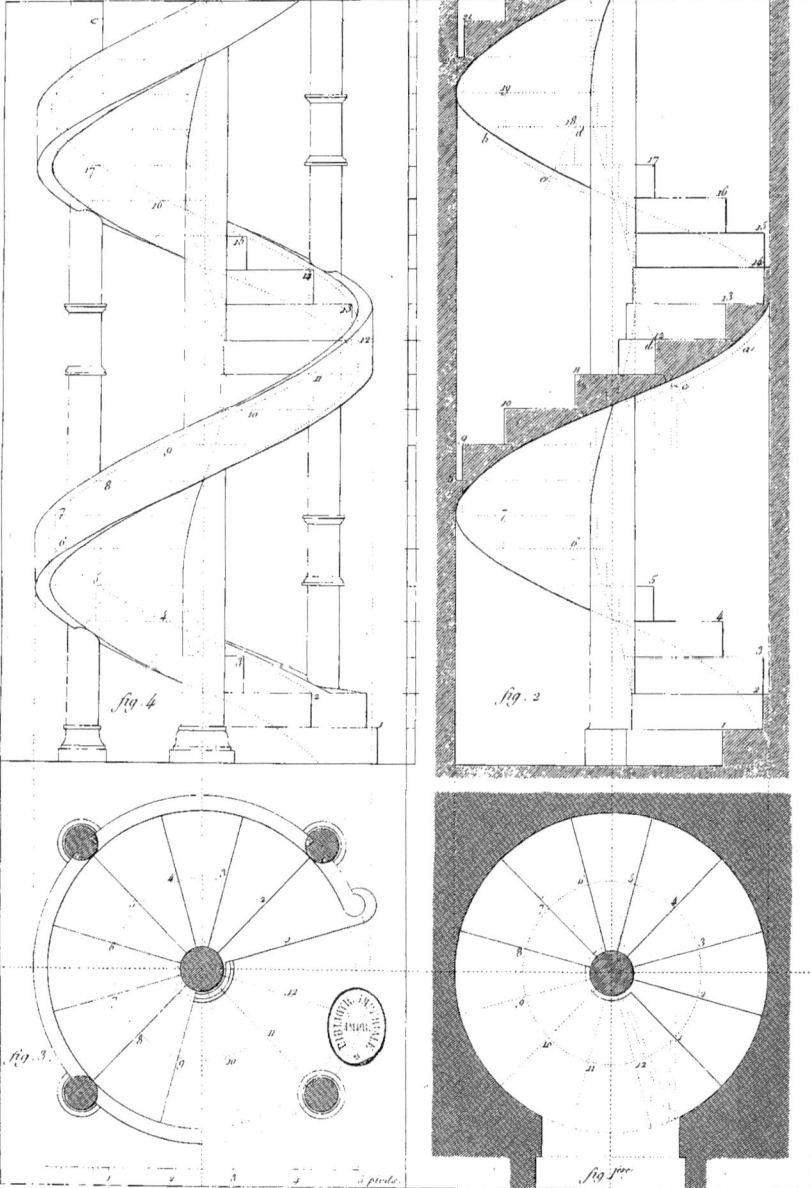

fig. 4

fig. 2

fig. 3

fig. 1er.

à pieds.

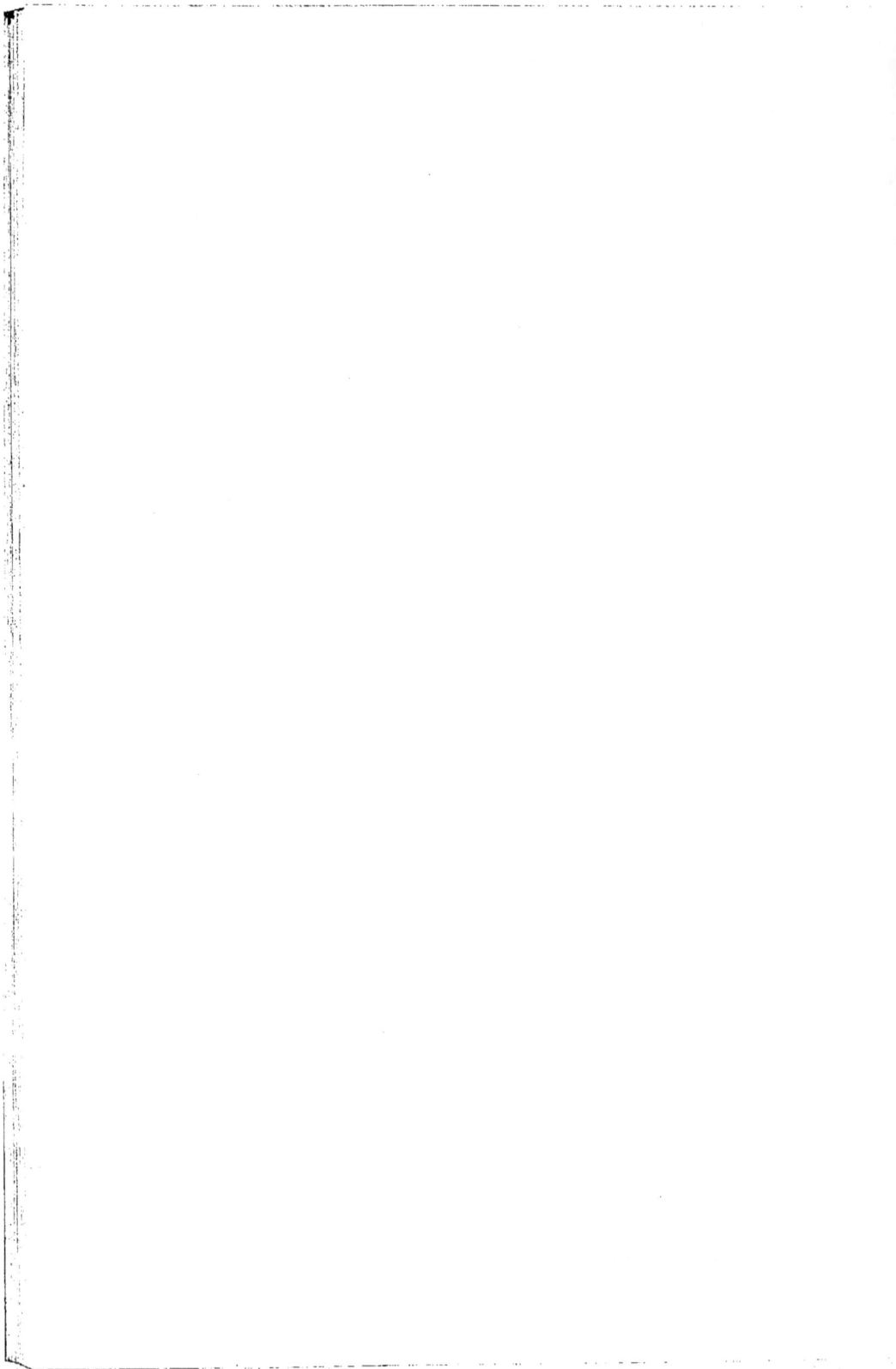

ESCALIER

a quadruple rampes construit dans une cage carrée.

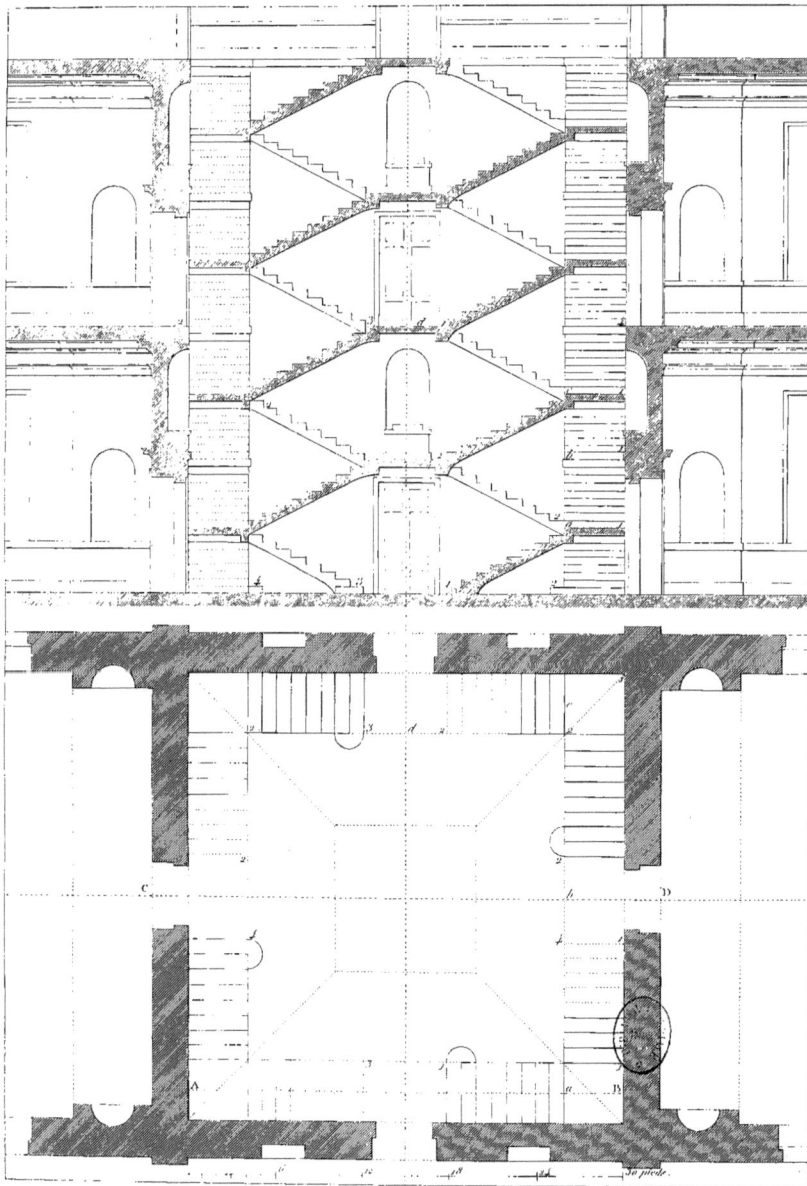

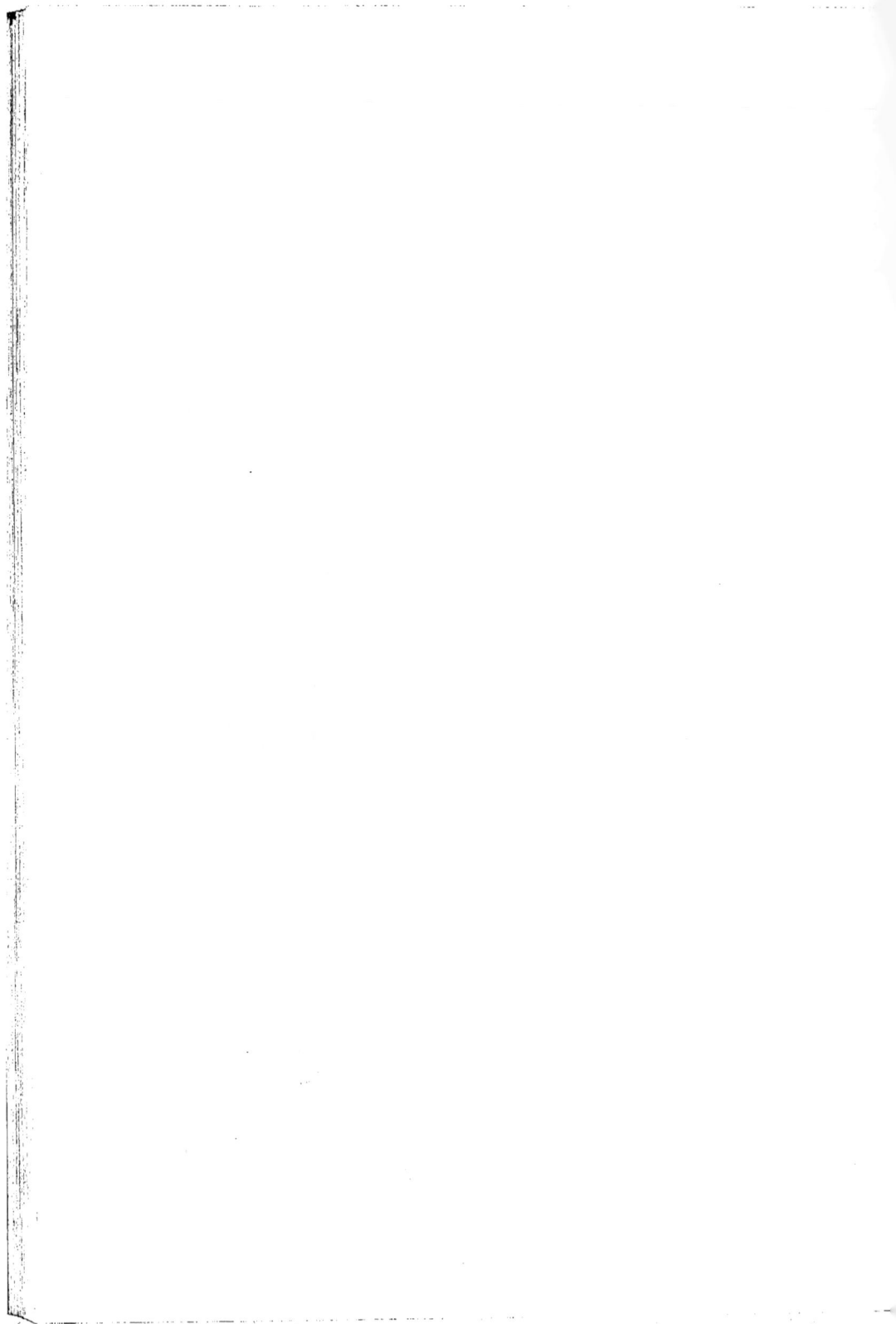

ESCALIER

à vis à noyau à jour et à double rampes isolé par une galerie.

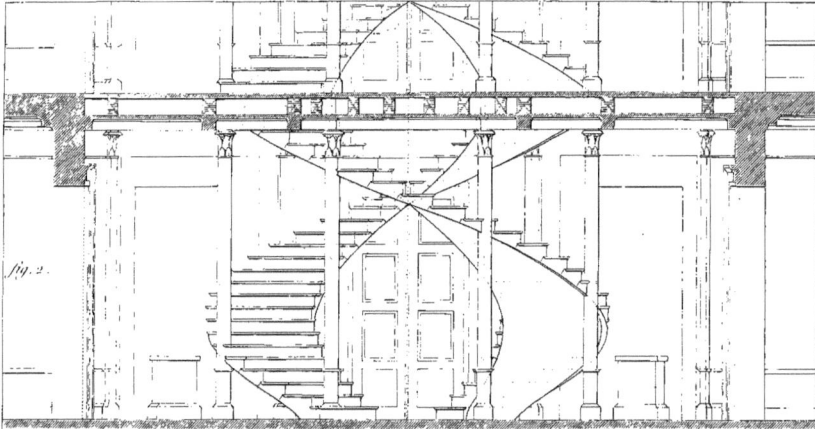

fig. 2.

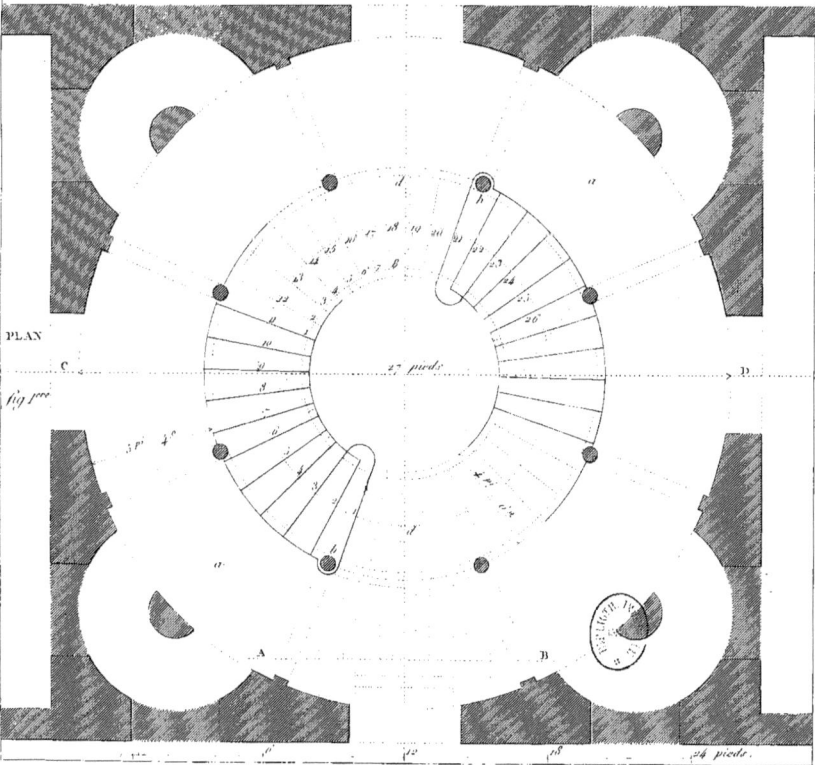

PLAN

fig 1ere

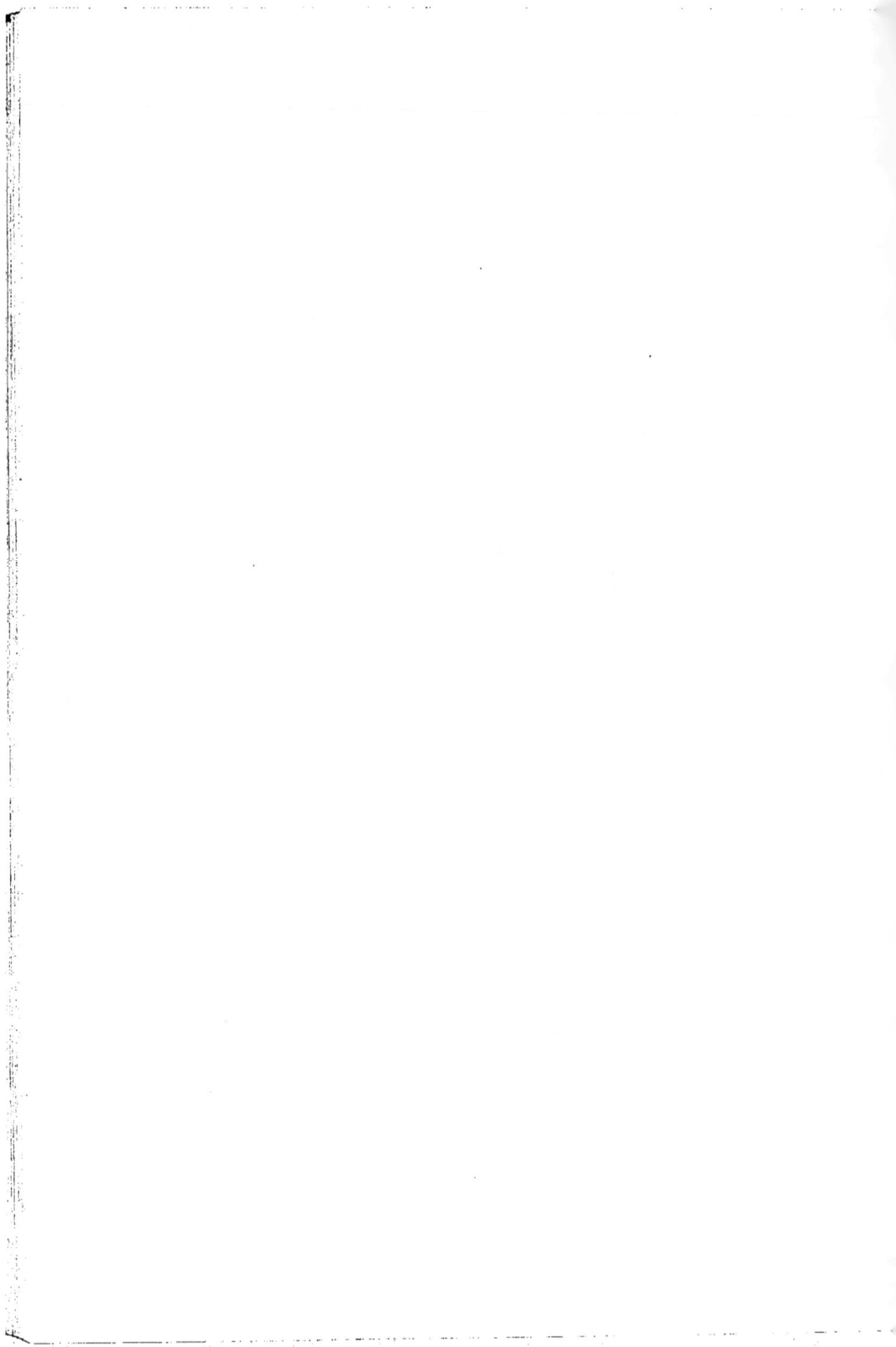

ESCALIERS
composés de trois rampes.

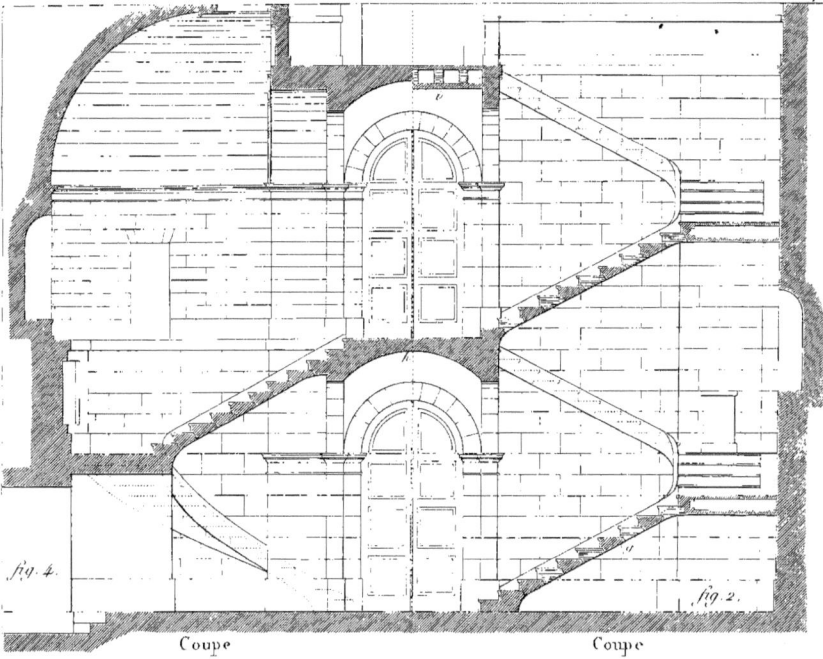

fig. 4.

fig. 2.

Coupe

Coupe

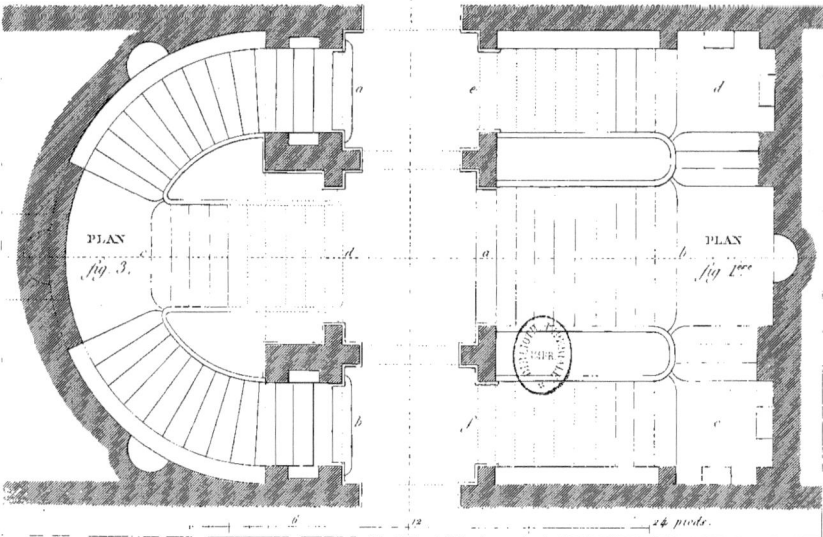

a

e

d

PLAN
fig. 3.

c   d

a   b

PLAN
fig. 1ere

b

f

c

6   12

24 pieds.

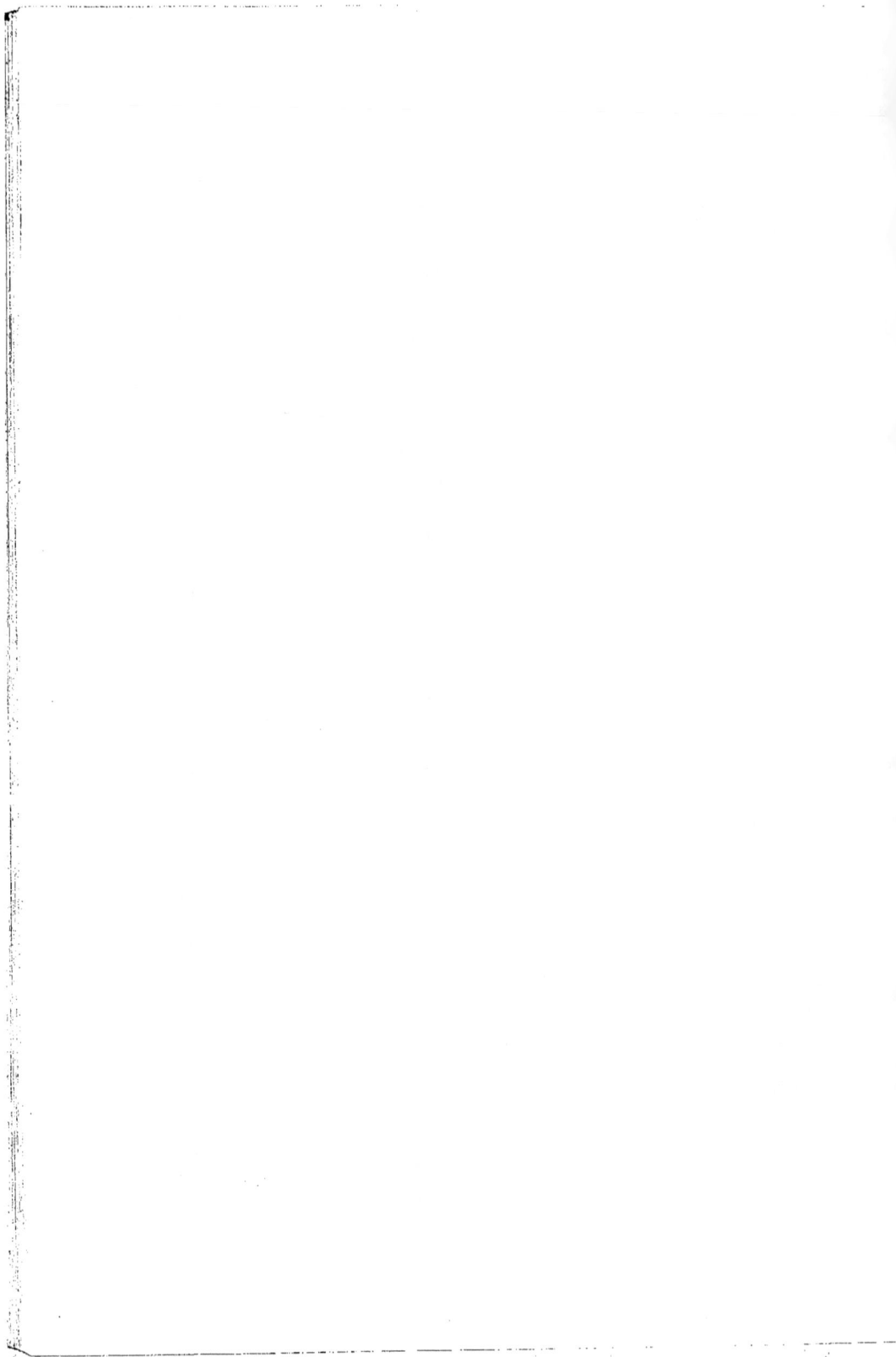

ESCALIER

carré à double rampes isolé par une galerie.

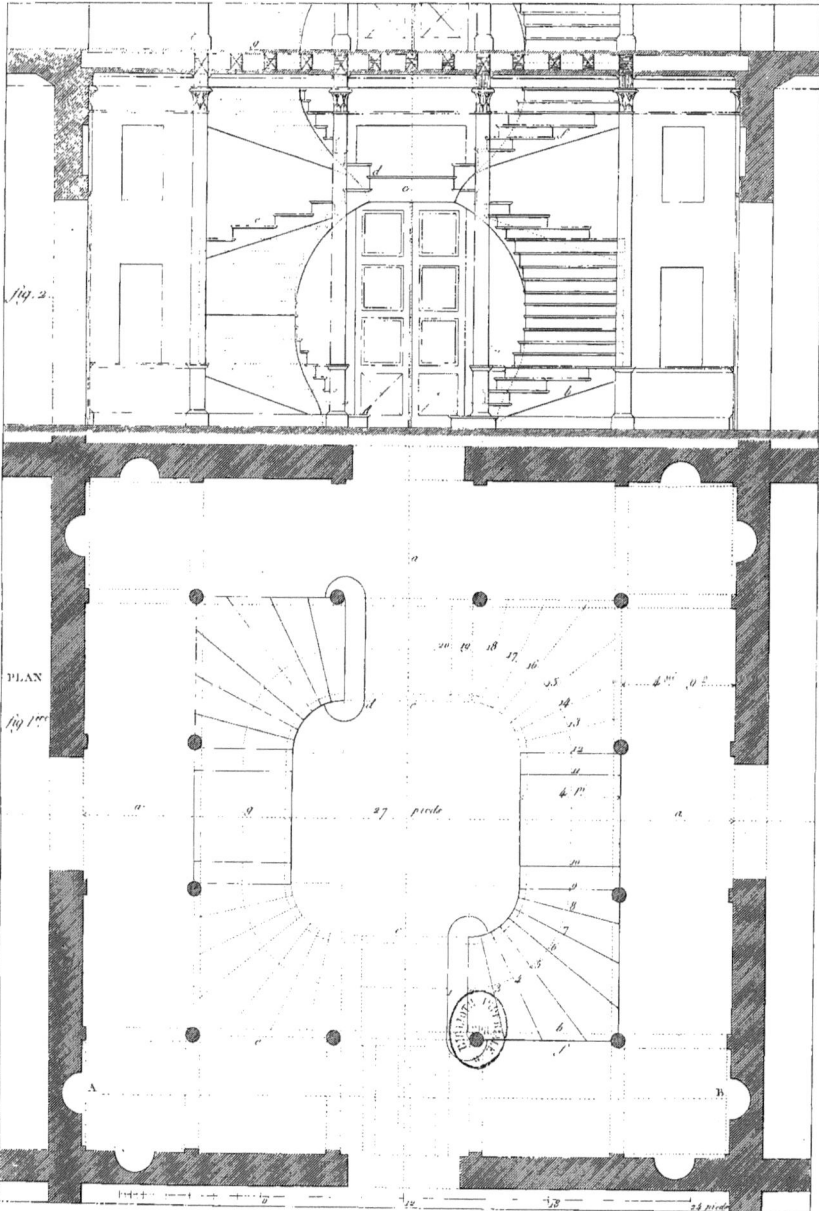

fig. 2.

PLAN

fig. 1re.

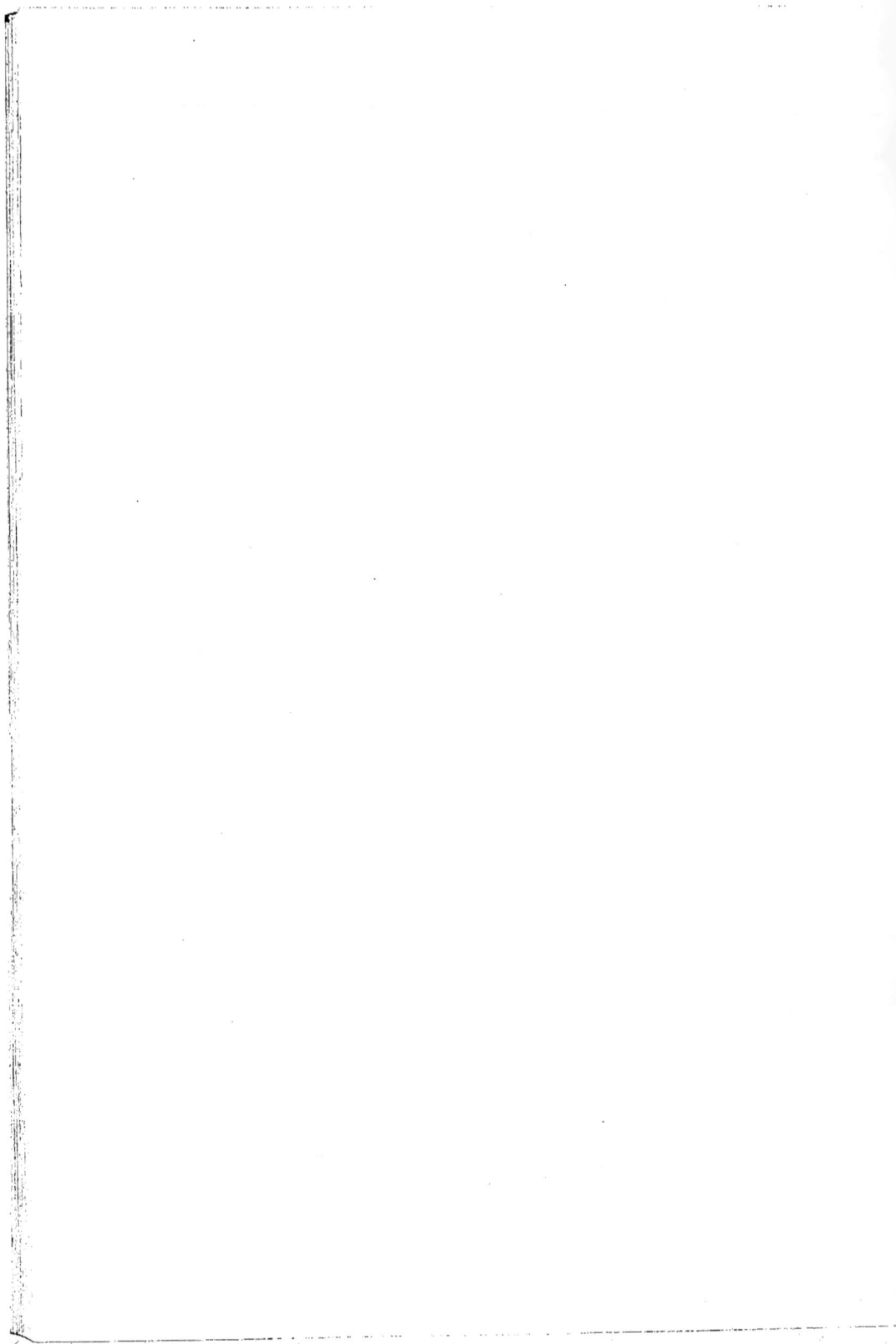

ESCALIER
pour un Édifice public.

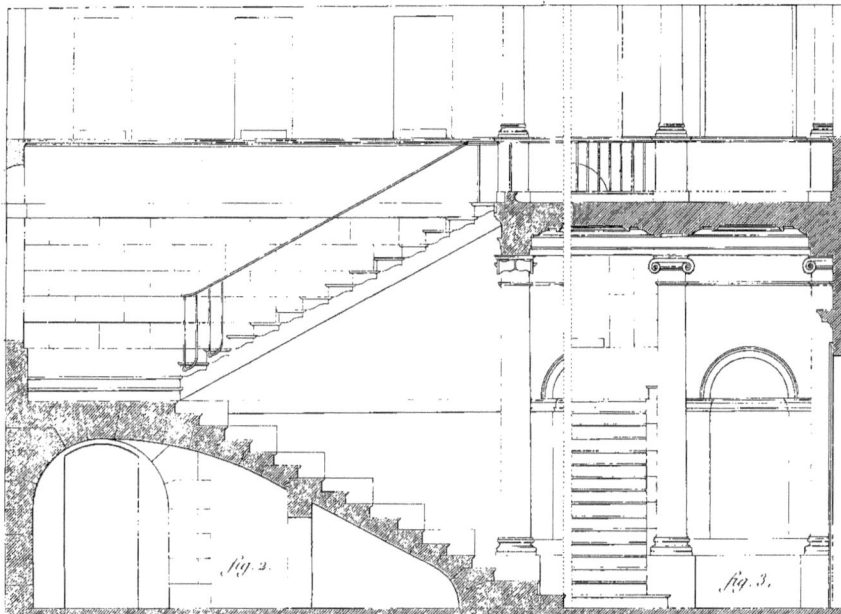

fig. 2.   fig. 3.

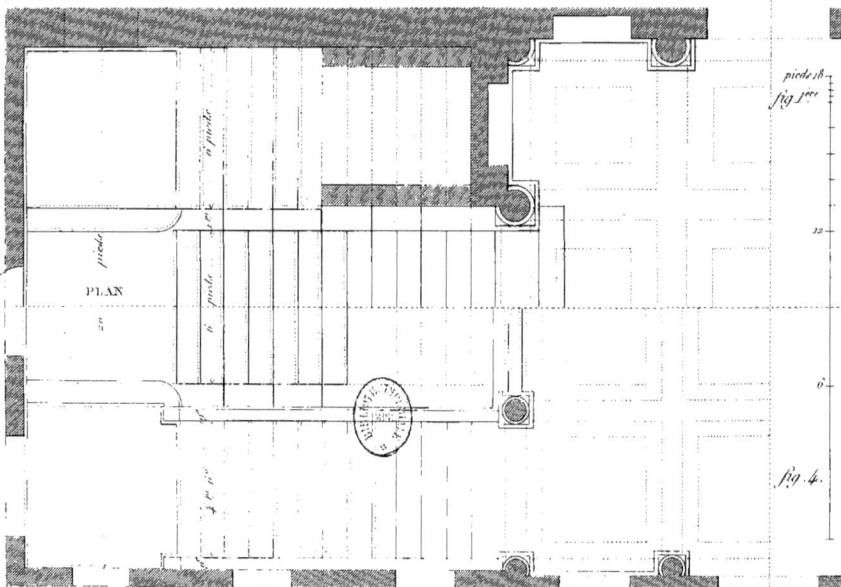

PLAN

fig. 1ere

fig. 4.

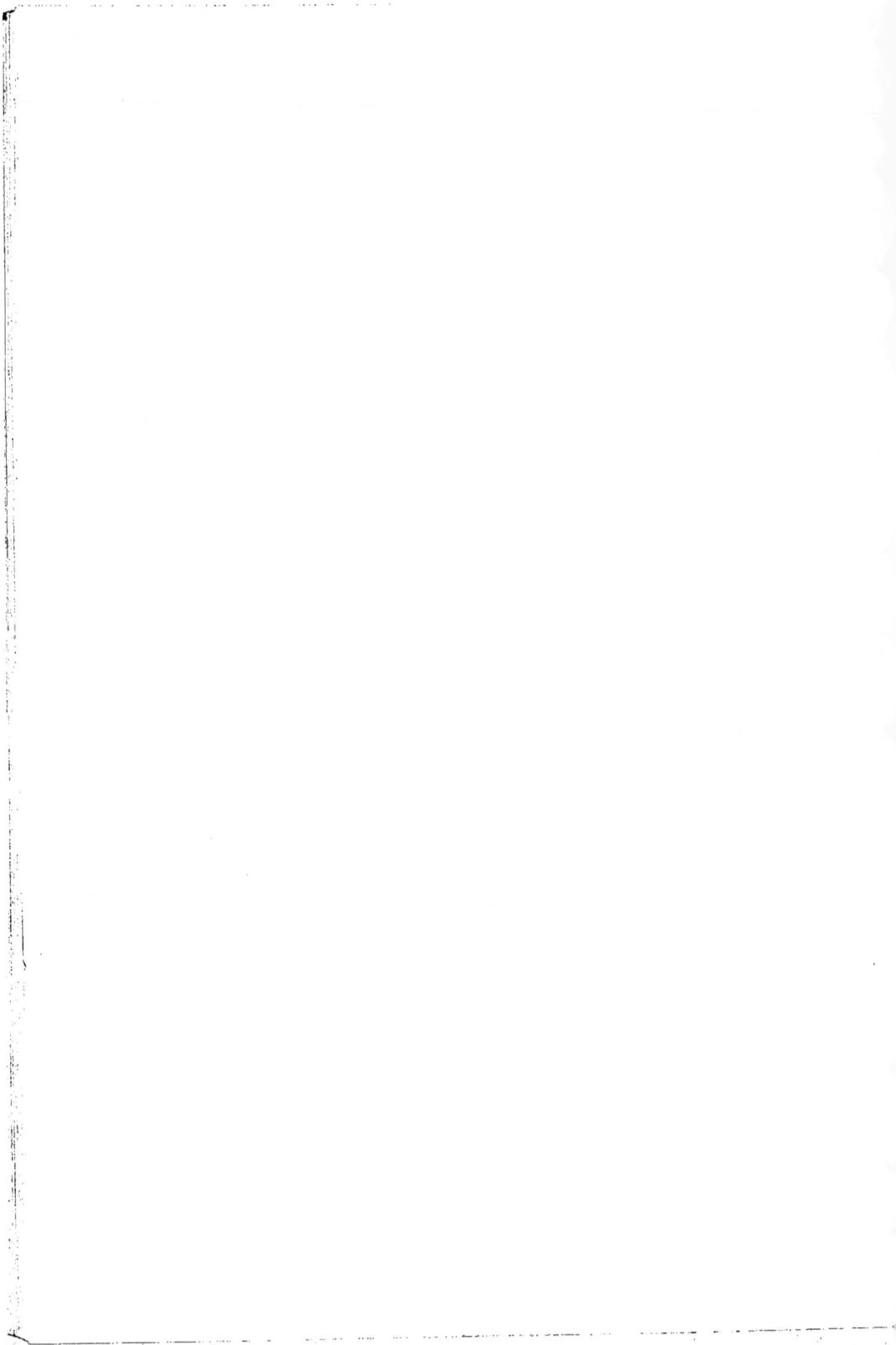

ESCALIER

circulaire et à deux rampes opposées.

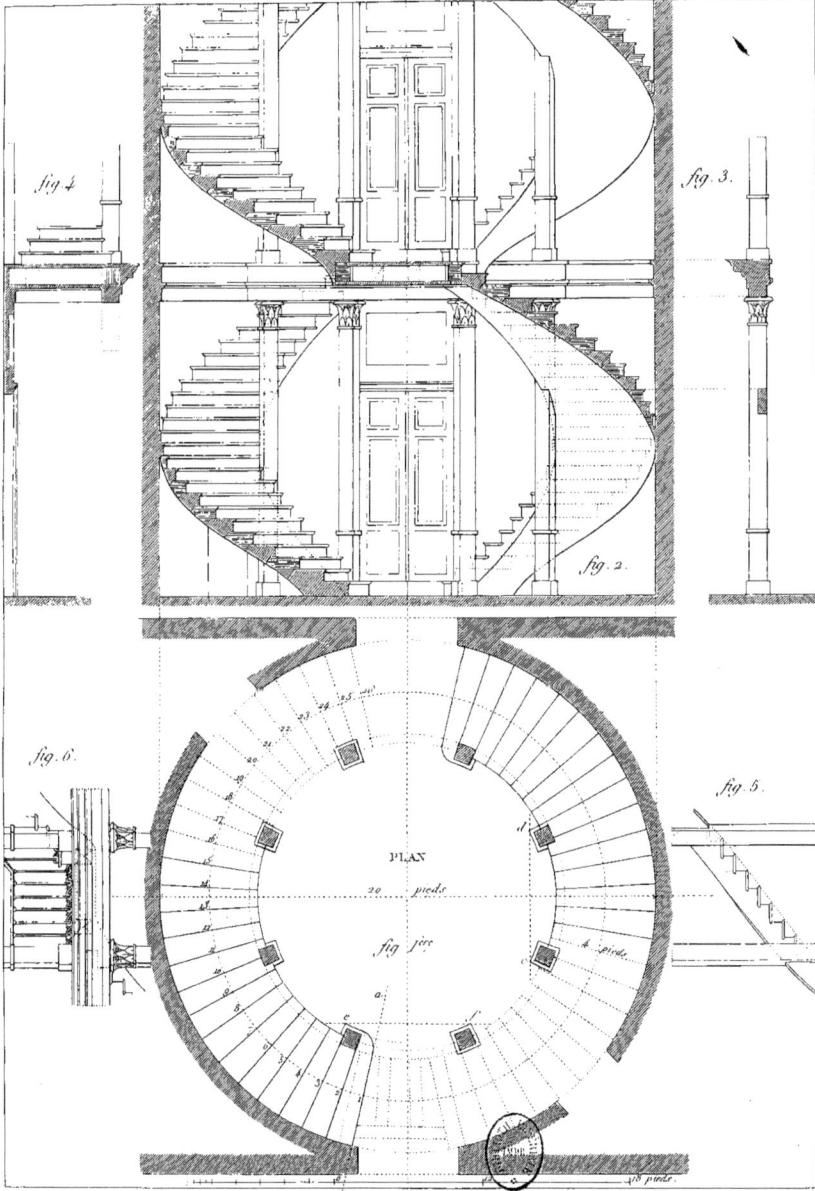

fig. 4.

fig. 3.

fig. 2.

fig. 6.

fig. 5.

PLAN

20 *pieds*

fig. 1ère

4. *pieds*

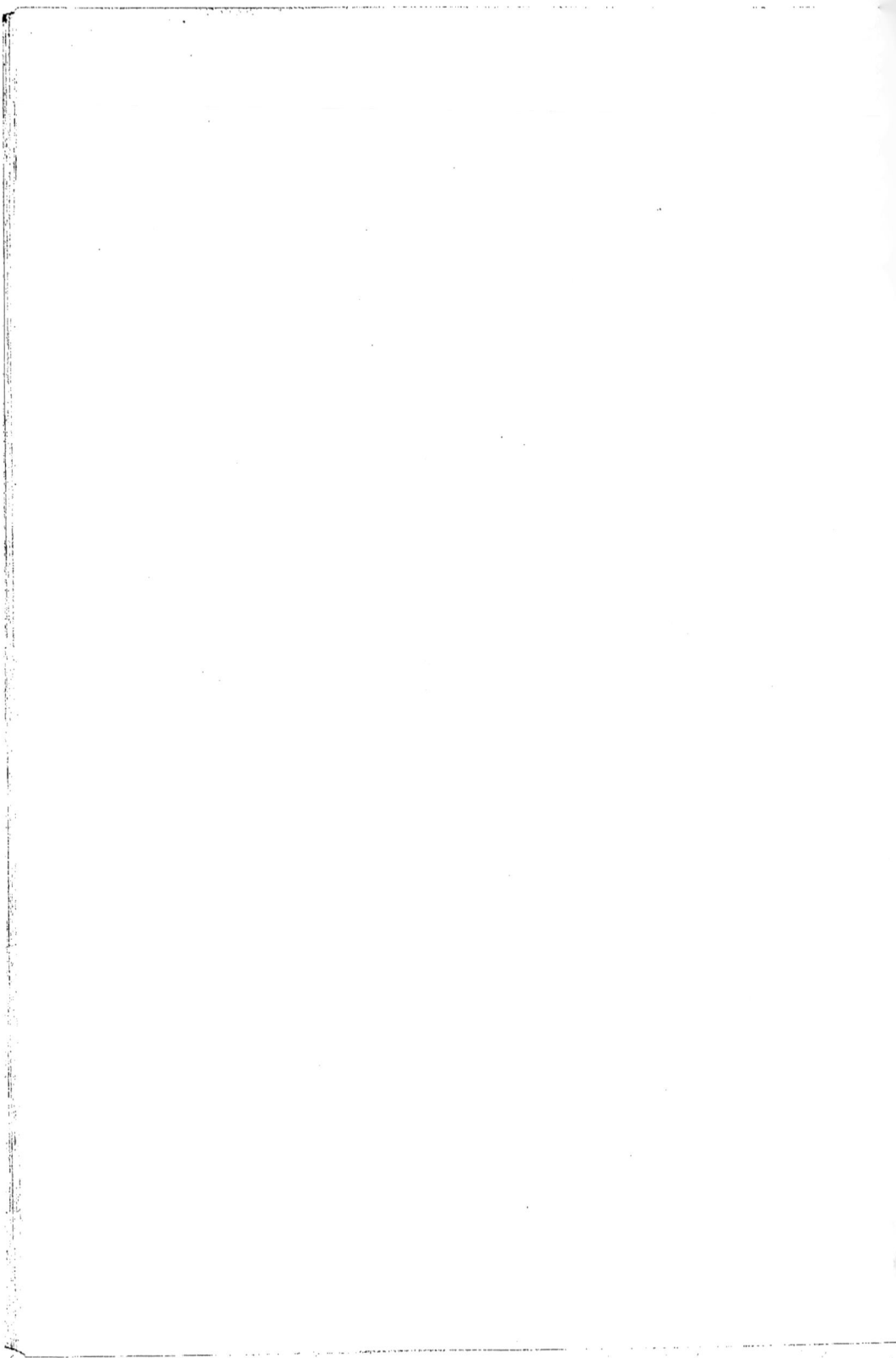

ESCALIER
à double limons isolés.

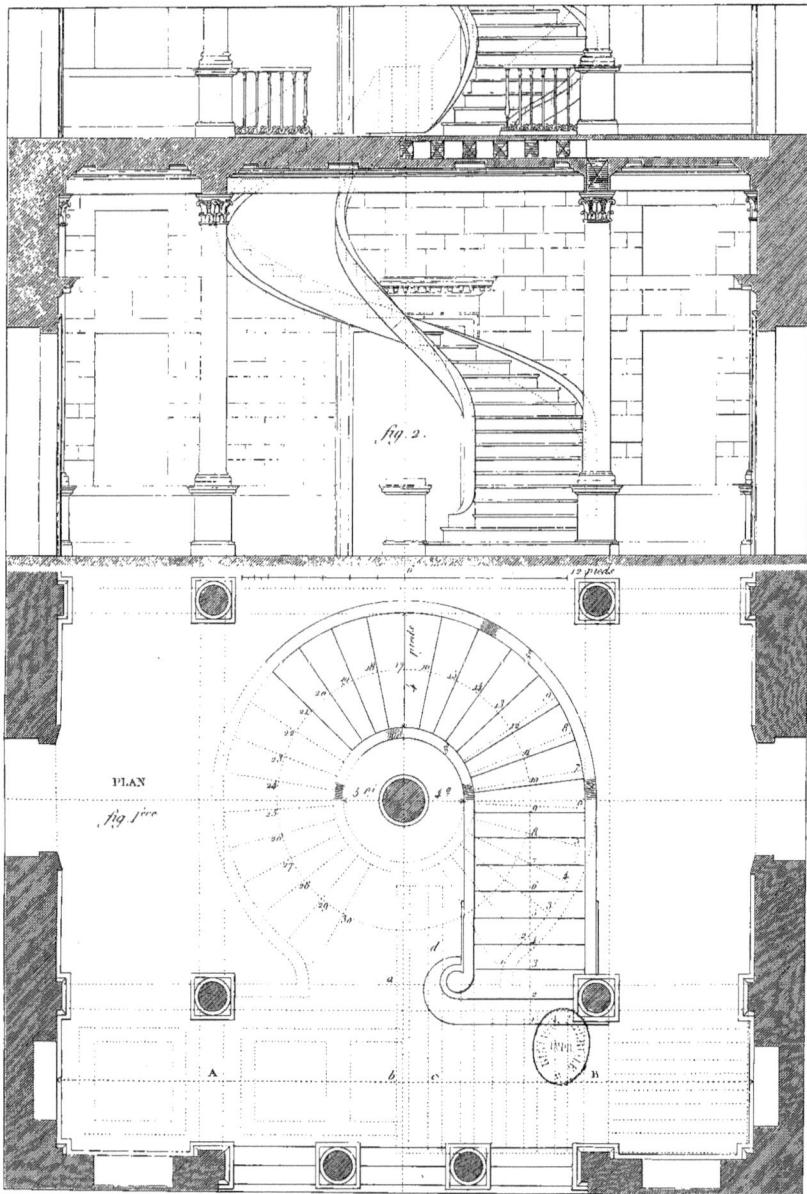

fig. 2.

PLAN
fig. 1ère

A   b   c   B

DÉTAILS
pour les planches 23 et 28.

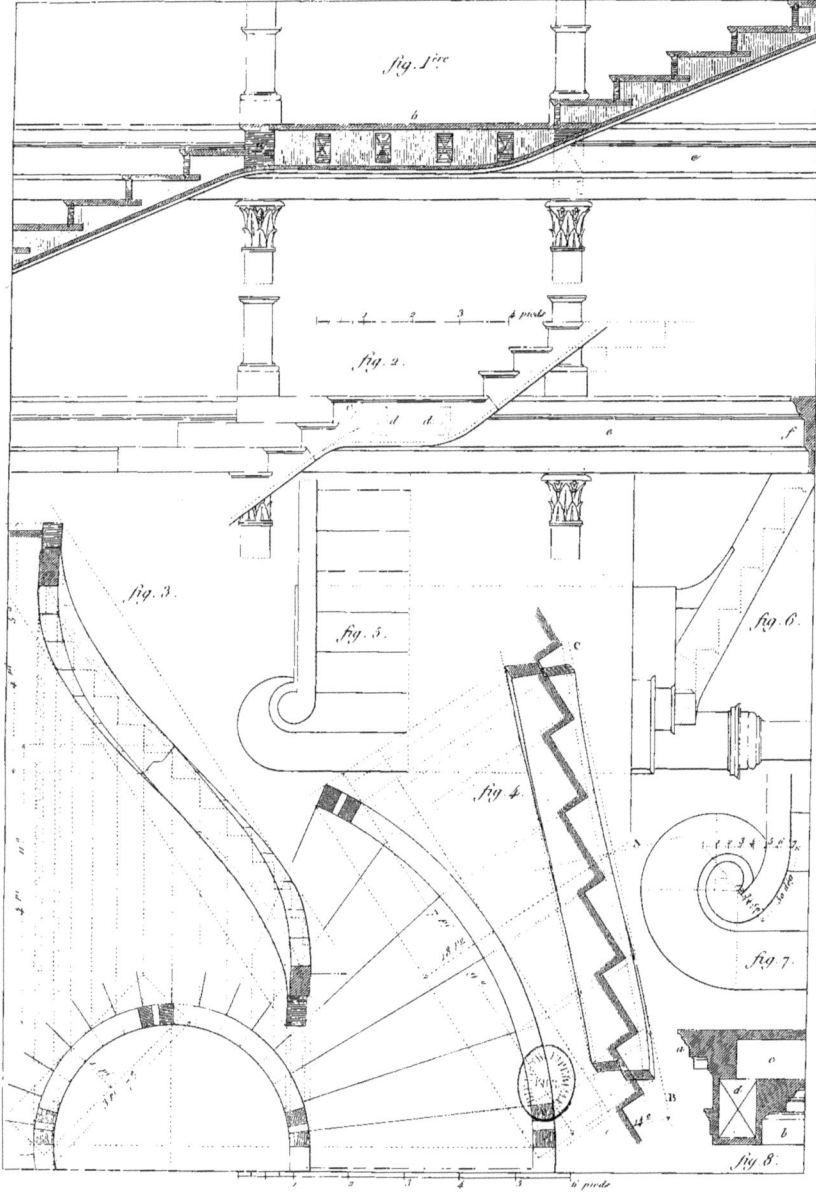

fig. 1ère

fig. 2.

fig. 3.

fig. 5.

fig. 4.

fig. 6.

fig. 7.

fig. 8.

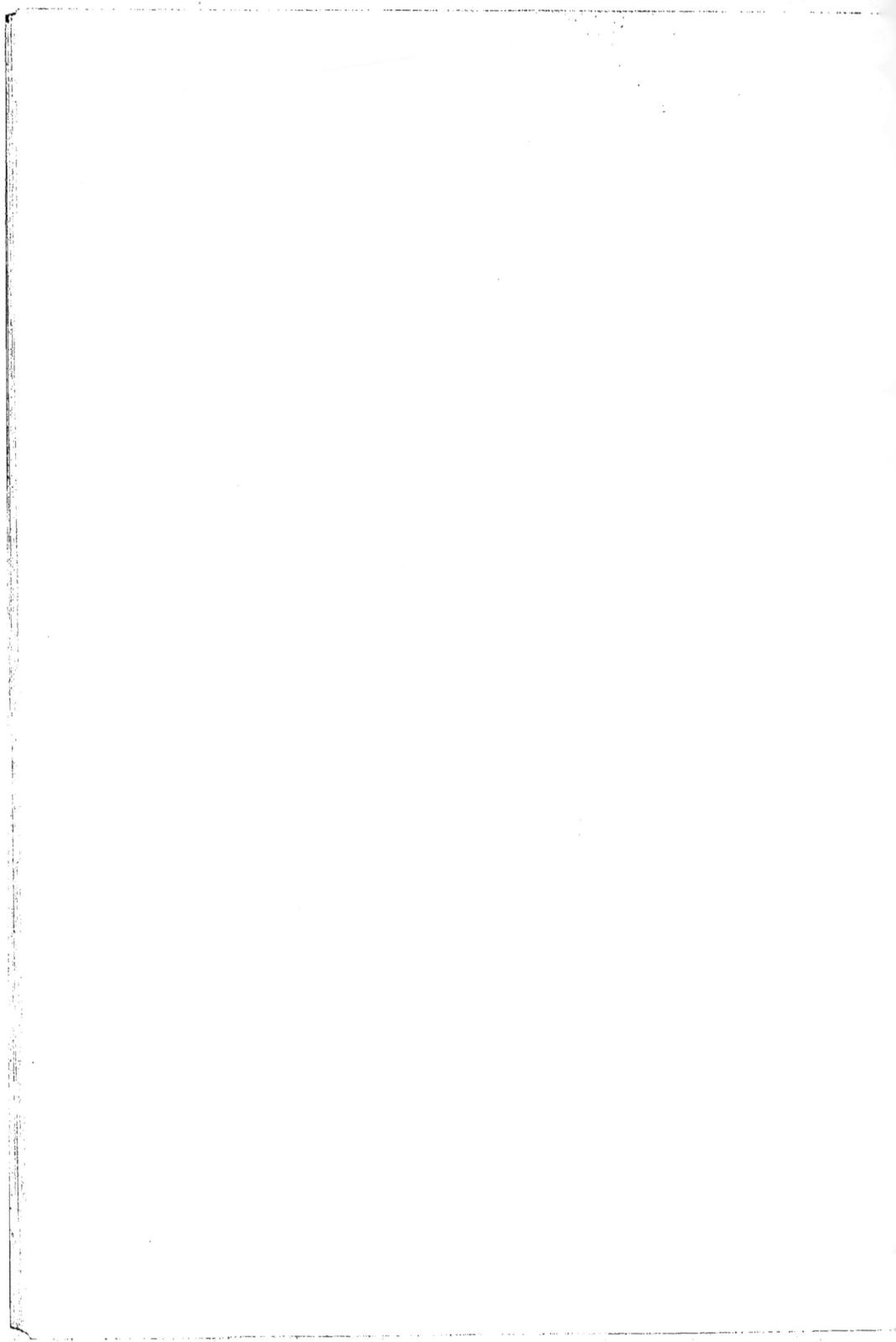

ESCALIER

à double rampes dans une cage de forme octogone.

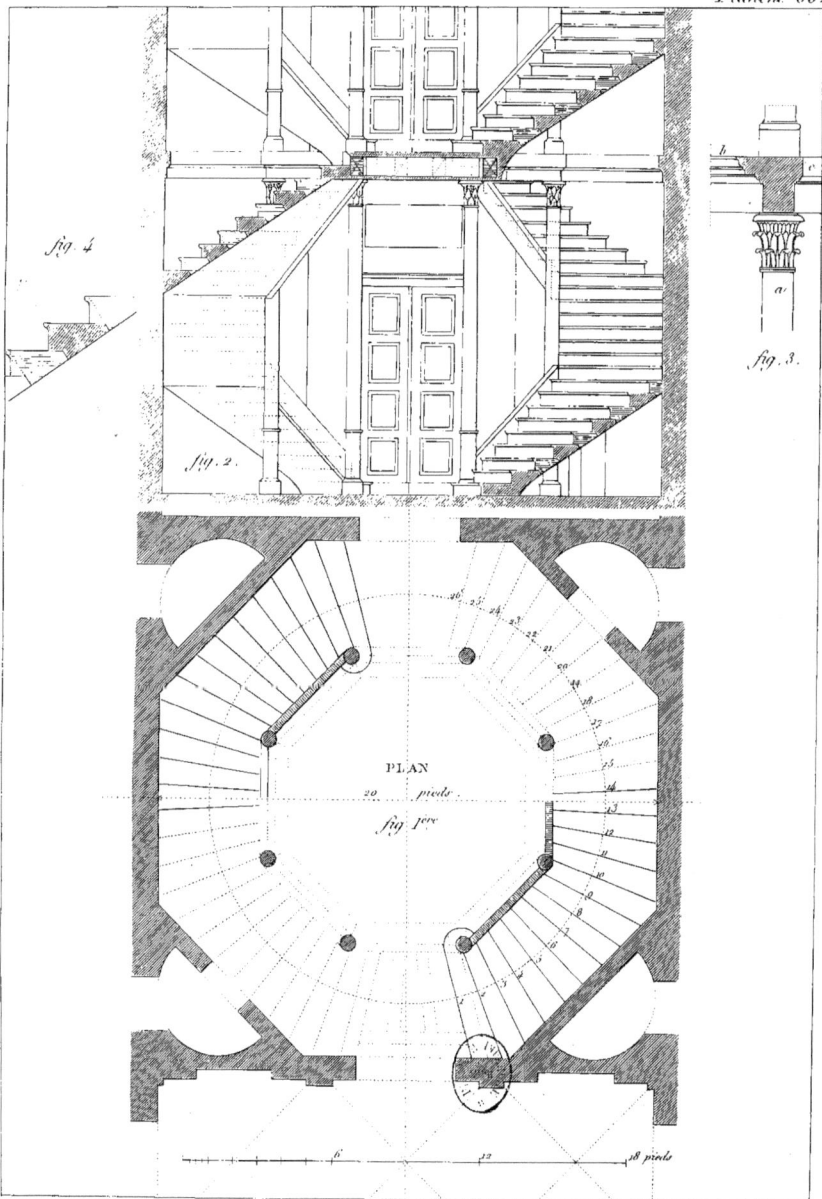

fig. 4

fig. 3.

fig. 2.

PLAN

20   pieds.

fig. 1ere

6   12   18 pieds

0

www.ingramcontent.com/pod-product-compliance
Lightning Source LLC
LaVergne TN
LVHW050629090426
835512LV00007B/740